按圖索驥

百聞不如一見，
看見世界的不一樣

周昌德 教授——著

推薦序

一本值得閱讀與學習的旅遊書

欣聞臺北榮總過敏免疫風濕科周昌德教授於二〇二一年開春，將出版他個人新書《按圖索驥：百聞不如一見，看見世界的不一樣》。我有幸受邀為周教授新書，獻言且祝賀此書順利出版！

周昌德教授，曾為本科之科主任，創辦風濕病基金會，且先前擔任風濕病學會理事長與亞太風濕病學會之祕書長。目前雖退休近六年，仍是國防醫學院內科教授。除他個人在風濕界之豐富學經歷外，他仍一直在榮總及中心診所照顧許多臨床風濕病患者，是一位集臨床、教學及研究型之學者。雖已高齡七十，但仍樂此不疲！

周教授興趣廣泛，除自己本身之工作外，尚喜好音樂、看電影、爬山、養魚及旅遊等。他可稱為一「旅遊達人」，出國開會及旅遊國家已超過一百多國。

許多人出國旅遊，僅是看風景、照相、採購等，但周教授在旅遊途中，將開會之心得、當地風土人情、歷史文化、宗教社會、飲食及廁所等有特殊之處照相，然後整理，按圖索驥，在圖片下方寫下在旅遊中，所看到的、所聽到的、所想到的一些有趣及有意義的人事物，出成此書與讀者分享！

此書內容雖為周教授個人的觀察及想法，周教授自謙並不盡符合每個人的認同或期待，但我等後學觀之，卻有太多值得學習之處，僅此大力推薦。

無論如何，此本書，周教授「用心良苦」，值得大家拜讀。最後，祝此書出版成功！

蔡長祐 教授

一〇九年十二月於臺北榮總

中華民國風濕病醫學會理事長

臺北榮總過敏免疫風濕科主任

財團法人風濕病基金會台灣抗風濕病聯盟執行長

自序

旅遊不僅走馬看花，還要用心體驗

小學時，父親管教嚴格，我喜讀書、功課好、人品好、自律性強、自我要求高、個性較文靜。在村子裡甚得長輩疼愛，父母亦引以為榮。當時經濟條件不佳，哪有時間、金錢到處旅遊！只有「遠足」，說成白話，就是免費用兩條腿拚命走（通常走一小時以上），到目的地已近中午，肚子餓了開始吃自己帶的便當，吃飽了就回程。至於風景到底如何？已不重要。但當時我們已感到滿足。

大學念國防醫學院，是一個保守的學校。因功課壓力大，除了念書還是念書，一個星期只有星期日（早上九點至晚上九點）有十二個小時可踏出校門。十二小時能去哪？連去東部、中部旅遊都是困難，只得在西門町泡泡。看一場電影、吃個小館，就得回門禁森嚴的學校。這一關就六年。只有短暫的寒暑假可回家，陪陪父母，在近郊玩玩。等大學畢業，前幾年分發不同單位（如軍艦、澎湖、左營）。去澎湖算是第一次搭飛機離開台灣（偽出國，像COVID-19疫情期間假出國）。之後去三總，當內科住院醫師、總醫師。因公務繁忙，銀子賺不多，休假時帶著家人只在國內旅遊（宜蘭、花蓮、台中等）。一直等到一九八二年五月出國去美國進修，算是第一次真正出國。一九八三年回國後，大概一年出國二～三次（每年陪父母親出國一次），一家十六人，非常享受國外之旅遊。

等到一九九一年，筆者為了去大陸探親及旅遊，毅然決然地從三總退休。不知是否被壓抑太久，抑或吃錯了藥，開始瘋狂旅行！繞著世界跑，尤其二〇一四年一月從榮總退休，時間更多了。一年出國十多次，此時，已有足夠時間，身上銀子不少，加上旅遊中得到諸多樂趣，更加深旅遊動力。

許多台灣觀光客到國外，只是為了採買、拍幾張美照去炫耀他人。筆者不同，旅遊除了看美景、吃美食外，最重要的是將各地歷史、風土人情、有趣的事等記在腦中，腦中裝不下則寫在筆記中。事實上筆者在二〇〇八年曾出版一本旅遊書《多少驚奇事，盡在旅途中》。但出版前，曾尋求許多出版商幫我出版，但我沒知名度、加上出版社怕賠本，沒人敢給小弟出書，最後是由我創辦的基金會出版。

其實我旅遊的國家已超過一百個，足跡踏遍美加、歐亞、非洲、澳洲等，照片無數。為了留下美好回憶，筆者從中摘錄許多有關人文、風景、醫療、文化、飲食、廁所、社會、宗教、歷史等有趣及有意義之照片，以圖片配合文字說明，分享給讀者。

誠摯希望讀者能從此本旅遊書《按圖索驥：百聞不如一見，看見世界的不一樣》中獲得一些啟發，也不吝與家人及朋友分享！

最後祝大家旅遊平安、快樂！

周昌德 教授
臺北榮總過敏免疫風濕科
一〇九年十月

目錄

輯一　風景旅遊

退下來後，我重新出發，踏上了旅程，
走過一百多個國家，回到了初心，
用心看世界，看見人生好風情！

岷江夜

四川在中國西南方，地傑人靈，物產富饒，歷代出過許多名人，如蘇東坡、李白、鄧小平等人。筆者數次造訪過四川，有演講、有旅遊。曾有一次從峨嵋山返回，路經樂山，特地去看名聞中外之樂山大佛。此大佛以坐姿，位於岷江、青衣江、大渡河三江交會之處，是世界上高度最高的石佛像，建成於唐朝，耗時約九十年才完成。

一九九六年，此大佛被聯合國教科文組織列入世界遺產。此大佛坐姿挺拔，威武莊嚴，應該不會有僵直性脊椎炎。筆者後方的一條河流為岷江，從小我愛唱的一首老歌為《岷江夜曲》，今日在岷江邊，就哼唱著此首歌。筆者喜歡唱老歌，尤其描述地方性之歌曲，如到蘇州，我唱《蘇州河邊》；如到西湖，唱《西湖春》或《南屏晚鐘》；如到蘇州太湖則唱《太湖船》，我真是太愛唱歌了，尤其「近水樓台」時，更要唱了。

轉經輪

五年前，參加雲南旅遊，遇一家族，母親在高爾夫球場當桿弟，兩個女兒陪母親一同來遊，他們皆為北部客家人。客家人吃苦耐勞、勤儉、團結，家族凝聚力甚強，非常孝順父母，目前這個年代是否已改變，不知，因為現代年輕人，通常不太勤勞，對人較冷漠，較顧自己，這是個人觀察。

我們身穿藏族傳統服飾，有模有樣，周某人有三女相伴，高興異常。藏族每日皆要轉經輪，但此處大經輪，我難撼動。此輪需逆時鐘轉，現在疫情時代，只能順時鐘（中），逆時鐘（中）可能會大禍降臨。

九寨歸來不看水

大陸美景甚多，玩也玩不完，只能先去重要景點。我去四川九寨溝共三次。二〇一七年八月又發生一次大地震，九寨溝重新再整修。其實九寨溝先前因有地震、地質運動、地震頻率高，這裡就具備了高山、峽谷、湖泊、瀑布、溪流、山間平原等多種型態。

另外，冰川移動，剝蝕山谷，冰川堵塞谷口而形成堰塞湖。九寨溝湖水五彩繽紛，主要是湖水對陽光的散射、反射和吸收所致。由於湖水透明度高，湖底的白色鈣化，黃綠色藻類對透射光的選擇性吸收和反射，也增加湖水色彩層次和變化。古語「九寨歸來不看水」，正符合此九寨溝多水、多湖、多瀑布寫照。

二〇一〇年去四川成都講學，與朋友搭機到九寨溝，周某照相最大缺點，就是肚子太大，此次照相選一件背心遮一下。另外，找一位比我肚子大兩倍的阿發兄合照，讓別人注意他的「大肚」，而忽略了我！

會向瑤台月下逢

「桂林山水甲天下，陽朔山水甲桂林」，總之，不論桂林、陽朔皆美。搭船灕江一遊，桂林山水真是名不虛傳。但走入現代文明，上了岸卻變了個樣。除了賣衣服、賣食物不談，居然還有迎合年輕人的動感電影院，還是5D。我曾看過3D、4D，居然有5D，但因時間不夠。且票價甚貴，就打消念頭。

我覺得在水邊岸上，應開些古時候的茶坊或小酒館，有店小二招呼，泡了杯茶或喝點小酒，聊聊天甚至可吟吟詩。如果中國文學夠強的話，也可寫寫詩，但可能寫不出好詩。因為像大詩人李白，必須喝醉才能寫詩，而我喝醉後通常睡覺，寫不出詩來。杜甫說：「李白一斗詩百篇，長安市上酒家眠。天子呼來不上船，自稱臣是酒中仙。」摘錄李白兩首有關喝酒的詩：「天若不愛酒，酒星不在天。地若不愛酒，地應無酒泉。天地既愛酒，愛酒不愧天⋯⋯」。另外一首唐玄宗要給貴妃寫的《霓裳羽衣曲》，也是在李白醉後清醒時立馬寫的。「雲想衣裳花想容，春風拂檻露華濃，若非群玉山頭見，會向瑤台月下逢」。李白被奉為酒詩仙，應不為過！

納米比亞紅沙漠

納米比亞位於非洲西南部，乾旱少雨，屬於熱帶。納米比亞沙漠位於該國西部，沙漠面積五萬平方公里（比台灣一個島還大），乾旱和半乾旱氣候，已持續八千萬年（每年雨量少於十公厘，寸草不生）。從首都溫荷克拉車要五個小時，一路上全是石子路，晃動不已。我問導遊為何不建一條柏油路？他回答很妙，「柏油路是給人走的，而石子路是給動物走的，因為非洲太多動物，你就擔待點。」說的真好，我真是無話可說。然到了紅沙漠一看，真是值得了，太美了。

沙漠有一稜線，可往上爬到山頭。然天氣熱，加上沙子阻力大，我已七老八十了，爬到三分之二即氣喘如牛，終於放棄了！就與二～三位同好

（共同不想爬到山頂者），在沙漠中小坐，順便照相。看到有人從山頭像溜滑梯般下溜，真是羨慕。只怪自己年老，才有閒有錢出來玩，但夕陽西下，好日子不多了，可得把握。到紅沙漠，沒到頂，但悟出許多人生大道理，也算沒白來！

揚州瘦西湖詠讚

我喜好在江南旅遊，曾去過西湖，也去過瘦西湖。西湖在浙江杭州，共有十景，包括蘇堤春曉、曲院風荷、平湖秋月、斷橋殘雪、花港觀魚、南屏晚鐘、雙峰插雲、雷峰夕照、三潭映月、柳浪聞鶯。十景的名稱，起源於南宋，大文豪蘇東坡及白居易皆曾在此為官，故西湖內有（蘇堤、白堤）之稱。而瘦西湖則在江蘇揚州市易岡，擁有世界文化遺產，國家五A級風景區。瘦西湖，其實是揚州城外一條較寬河道（不同名稱，保楊河、保障河）改建而成。乾隆全盛時期有二十四景，曾譽為「二堤花柳全依水，一路樓台直到山」。我六、七年前曾在瘦西湖旅遊，對當地瘦西湖讚不絕口。

二〇一二年四月因揚州人民醫院風濕科魏教授之邀，去做一場演講。當時正逢陰曆三月，突想起

李白給崔浩然離別搭船在廣陵寫的一首詩：「故人西辭黃鶴樓，煙花三月下揚州，孤帆遠影碧空盡，猶見長江天際流。」喔，太好了，我也是煙花三月下揚州。其實我曾去過揚州兩次，都造訪過瘦西湖。沿著瘦西湖邊，三步一桃，五步一柳。

我這次去之前，突然詩興大發，立即寫了一首詩，準備送給楊州人民醫院，標題《為揚州瘦西湖詠讚》，詩為五言絕句，「楊柳依水垂，桃影映湖邊，西湖瘦而美，楊州勝杭州」。不敢與李白相比，署名為小詩仙周昌德。在楊州人民醫院演講完後，將此壓克力製作之成品，贈送人民醫院，至今是否仍在？不知。此詩楊州人唸完後頗為高興，杭州人鐵定不高興。但我留一手，下次再去西湖演講時，只需將後兩句改一下「……西湖胖而美，杭州勝楊州」。多好，一個四句詩可左右逢源，隨時可變，真是寫得太好了，自鳴得意不已。

金字塔是如何造成的

埃及有許多古蹟，其中最知名的為金字塔。開羅附近有三座金字塔，孟卡拉金字塔又稱譯門金字塔，位於開羅附近，與胡夫金字塔、卡夫拉金字塔是吉薩三大金字塔之一。孟卡拉金字塔是埃及第四王朝的法老王孟卡拉的陵墓。金字塔主要流行在埃及古王國時期，雖為陵墓，但其內未發現法老的木乃伊。金字塔近照不宜，遠照可照到三座金字塔。

金字塔到底是如何造成的？在二千多年前的時代，沒有吊車千斤頂，如何將重達幾百公斤大石頭，從地面運到金字塔頂端，目前仍是謎？但這些造金字塔工人可沒好命。塔內擺著法老王、木乃伊，許多冤魂陪著他。我在入內參觀時，總覺得許多鬼魂走在我後面，嚇得一身冷汗；至於法老王長得如何？不記得了！事實上，法老王也不在塔內地下室，全擺在博物館展示，賺觀光客的錢（賺死人錢容易）。

寧夏，塞上江南

去年到寧夏旅遊，寧夏曾是西夏王朝（一〇三八～一二二七年）之故鄉，銀川為首府，地名源於成吉思汗，取自（收復大夏，使之永遠安寧）。成吉思汗一生，勇猛無比，戰無不勝，攻無不克，哪知打西夏六次都打不下來。最後還因傷病逝於西夏，但最後蒙古族仍將西夏滅絕，党項人（當地厦人）也遭滅頂之災，從此消失了。元朝滅西夏後，以舊地設西夏省，不久改為寧夏行省（用意為西夏安寧）。

寧夏有塞上江南之稱，而寧夏騰格里沙漠是中國最美五大沙漠之一，中國第一條沙漠鐵路貫穿於此。沙坡頭有中國最大滑沙場（我不敢滑，因為從上看到下，尚未滑時已先暈倒，因我有懼高症）。當然可騎駱駝。駱駝表面善良，有時也很兇，別從牠後方切入，有時牠會踢你一腳。我跟駱駝有緣，從小母親給我取個外號為駝駝，即是二隻駱駝，為何取此名？不知，是否因小時候有點駝背，或覺得我個性溫和，不愛講話，如駱駝般靜靜地。

最後，我們搭小驢車時，走在二側高山峻谷中，小驢車主人唱著陝北民歌，那種意境真好，只是他們唱什麼，我一句也沒聽懂！

坐黃河羊皮筏子

寧夏沙坡頭，位於寧夏中衛市以西二十公里，騰格里沙漠東南邊緣處，這裡集大漠、黃河、高山、綠洲於一處，具西北風光之雄奇，又兼江南景色之秀美。黃河流經於此，此地有最富盛名之中藥：枸杞，品質最佳，本團瘋迷枸杞，每到一處，只要有枸杞即瘋狂採購。有自己用的、有送朋友的、有別人托買的、有自己上網拍賣的。台灣人有購物狂，別人買，我一定跟買，別人沒買，我偷偷地買。然後上車，大家互相炫耀一番，不把錢花光還真對不起自己。

坐黃河羊皮筏子是當地特色，我已坐過兩次（都在蘭州坐的）。此河上交通工具，已有千年歷史，第一次坐時怕死了，因為周某怕水，且不會游泳（筆者曾官拜海軍軍醫上校，是不會游泳的海軍上校）。羊皮筏子基本上是順流而下，筏子的搖槳者，只需控制好方向水流即可。第一次坐，不斷地禱告，希望筏子安全抵達岸邊，下船時出了一身冷汗。此次第三次

坐，已有經驗，還多嘴，告訴第一次坐的阿公阿嬤別怕，有我在，陪著你們，其實心裡仍是怕怕地！

本團沒人去滑沙坡的滑沙場，一是時間不夠，二是百分之八十以上團員皆是老弱殘兵（包括我這位老榮民在內）。坐船已怕到，再滑一下沙，可能性命不保，嗚乎哀哉！最後景點是黃河棧道橋，橋上有管控人數，兩側五星旗，旗海飛揚。中間棧道有各種圖案，因為橋面離黃河水道不高，故未有明顯地懼怕。在美國大峽谷，我可不敢走天空步道，而此水上步道我還可以，且故作鎮定，照了幾張美照。

稻城亞丁，人間最後之淨土

去年（二〇一九年），聽朋友推薦，四川「稻城亞丁」為人間最後之淨土，必須去。但須先培養體力，因為景點地處高海拔（至少三千五百公尺），空氣稀薄，去之前，先在台灣爬爬高山。上高山，有兩個基本要件，第一心肺夠好，第二關節夠強，周某心肺稍差（因為高血壓三十年以上，心血管已有百分之五十堵塞）。至於關節，周某正好是風濕免疫科醫師，專治關節炎，關節豈能不好？

「稻城」與「亞丁」是兩個不同的地名。稻城是四川省甘孜藏族自治區下屬的一個縣，亞丁是稻城縣內的一個風景區。此處位於四川西南部，海拔平均四千公尺，很多人會有高原反應症（胸悶、氣喘、頭痛、拉肚子、嘔吐）症狀，但是確實太美了，故有「眼睛上天堂，身體下地獄」之稱；另有稱呼為「最後的香格里拉」。亞丁景區有三座神山，包括仙乃日、央邁勇、夏諾多吉組合而成，有河流、湖泊（牛奶海）、草

原、洛絨牛場。當天去牛奶海，來回有十二～十三公里，且是上坡路。我朋友爬一半即頭暈、腹瀉，我也有點氣喘，但朋友堅持爬上去，終於走了二、三個小時到達牛奶海（藏族稱湖泊為海或海子，因為他們沒見過海）。

從亞丁回成都途經新都橋，下車驚見白楊樹與湖中倒影，真是絕佳之攝影機會。另外，河邊有石頭上面染成紅色，問導遊，方知石頭表面有某種高山上（超過三千公尺）特有之黴菌，會產生紅色素。石頭搬到一、二千公尺，紅色自然消失。宇宙造物真是太奇妙了。路程雖艱辛，但看到人間美景，也不辜負自己。

黃河石林搭驢車

寧夏有一景點（接近陝西）為黃河石林。此石林生成於距今四萬年前，第三世紀末、第四世紀初地質時代，由於地殼抬升運動，形成砂礫岩地貌奇觀。景區內有陡崖凌空、景象萬千、峰迴路轉、觀音打坐、屈原問天、神女望月、一線天等石柱景觀，許多電視劇在此拍攝。

到此地後，導遊安排我們六人一組搭驢車前進。看到此種高大山壁，渺小人類在此時光隧道中，會顯得渺小。想起唐朝王之渙一首詩「黃河遠上白雲間，一片孤城萬仞山，羌笛何須怨楊柳，春風不度玉門關」，真是印證了此地景象。

小驢子一路跑，氣喘如牛，主人有時趕時間，還得用鞭子伺候牠兩下，我於心不忍。大部分時間驢子默默地走，驢啼聲在山中迴響，有時驢子也會耍耍脾氣，我們得讓牠些！因為牠身負重任，背著六個肥大人往前衝，駕驢的老大爺，還沒事唱著已經聽煩了的陝北民歌，您說「驢不生氣」嗎？一路上顛簸不已，沒半個時辰，尿快被顛出來了，忽見一石頭柱蓋成的廁所，興奮不已，跳下小驢車，直奔廁所解放，再回驢車跳上去，驢子無奈，望了我一眼！

母親河，黃河

寧夏石林，除了驢車，尚有馬車可乘。但馬似乎較驢命好，因為馬車較少人搭乘，驢天生就是「勞碌命」，就是要幹活養家的！石林旁邊即為黃河，黃河自古是母親河，孕育灌溉土地，養活上億人口。黃河之黃，係因大量黃土流沙從上游下來所導致。好處是可造成平原，亦可淤積，壞處是造成氾濫，死傷無數。而黃河在壺口瀑布，造成千鈞萬馬般之澎湃，令人嘆為觀止！李白有一首詩「君不見黃河之水天上來，奔流入海不復還……」。

在離開石林的路上，路邊突見一大片菊花，各式不同顏色之花朵爭奇鬥豔，車上沒睡覺的團員（大部分一上車就睡覺，我是很少睡覺的），大聲驚呼，司機及當地導遊非常靈光，隨即路邊停車。一夥人衝忙下車，就拚命拍！此為台灣旅遊團之特色。上車睡覺，下車尿尿，現在多加一項下車拍照。由於司機及導遊對團員體貼，再多加一項下車多採購，每個人都買得不亦樂乎，回去有沒有用，那是另一回事。

克羅埃西亞十六湖國家公園

克羅埃西亞十六湖國家公園設立於一九四九年，是東南歐區歷史最悠久的國家公園。極美之風光，於一九七九年被聯合國教科文組織列入世界自然遺產。此處多水、瀑布、湖泊。中國有一九寨溝可堪比美。當日下著細雨，在木棧步道徐徐而行，瀑布到處都有，環顧四周，處處是景，處處可照。

周某在雨中更加清醒，然本團有一位年近八十歲老婦一人單獨出遊，常忘東忘西，第一次出關時（義大利）竟忘記拿護照，別人發現後，立即去向海關索取。義大利人做事比較散漫，如果德國人，一定親自交在你手中。我有一次去歐洲入海關（深耕簽證），居然海關兩人聊天，忘記給我蓋入境章，出境時才發現，幸好跟團，最後也沒事了。各位年紀大，趁腦袋還清醒，趕緊玩玩吧！

克羅埃西亞，摸了也不一定走運的偉人大腳

在克羅埃西亞南方城市斯普利特參觀，許多破城牆、破瓦都是古蹟，古蹟就可吸引人。而本團之領隊，不是很用心，看著稿子跟大家解說。她常常自己走不見了，一般人是老年失智，團員會走丟，但她年輕，常常不見蹤影，有時我反而代替她當領隊。有兩次早上發車前，亦不見她蹤影。我覺得做任何事都要認真，領隊出國所有的費用，其實是團員分攤，但台灣有些領隊，只想賺錢，

不負責任，沒有知識，其水準比團員還差！

經過一大樓，許多家中衣服掛在屋外，有點像華人。在一博物館前，有一偉人之大腳，讓人觸摸，說摸後可走運，飛黃騰達。我摸了數次，之後也沒走什麼好運。

可俯瞰古羅馬遺址 Solina 城的庫利斯要塞

在斯普利特郊外，有一要塞名為庫利斯要塞。此要塞地源於古代伊利里亞時期的一個小堡壘，曾有匈牙利人、土耳其人在此駐紮，爬到城堡後，可俯瞰下面古羅馬遺址 Solina 城。

此次旅遊，有兩位女團員跟我不同，我是逢廁必上，他們是逢店必買（買當地啤酒），晚上睡前必喝二～三瓶，早上臉紅通通。有次他們邀約我去喝酒，當晚我喝了三瓶，早上臉非但不紅，臉色蒼白，他們問我，為何臉蒼白？我隨便說我有貧血。奇怪，喝酒不應導致貧血！除非大吐血或便血，快到西天報到時，才會臉慘白！

烏尤尼（Uyuni），天空之鏡

二〇一九年參加南美旅行團，第一站去祕魯，第二站去玻利維亞。玻利維亞首都拉巴斯，為全世界最高之首都。而來玻利維亞，重點是去烏尤尼（Uyuni，天空之鏡）。烏尤尼鹽沼位於玻利維亞波多西省內，除了舉世聞名的「天空之鏡」外，尚有多個其他景點。

第一天從拉巴斯搭早班飛機去烏尤尼，下飛機，即由四輪傳動吉普車接走。經由烏尤尼小鎮，看到此鎮，真是破爛不堪，窮得可以。我們先去火車墳墓廣場，內有非常多廢棄火車，唉！這也是一個景點，下車後，一群人就忙著去跟火車拍照，左照右照，東照西照，反正就照了一大堆才停止。下午去鹽田區。烏尤尼以前因此地產鹽而致富，但後來鹽已不值錢，

人去鎮空，此小鎮即沒落了！但發現一望無際的白色乾鹽地，如下雨天，有輕微積水，經陽光照射反射，在此照相，有奇特之美感，被人稱為「天空之境」。至此奔相走告，加上網路宣傳，一堆人像發瘋似地，蜂擁而至。我亦搭順風車。其實要搭飛機從台北至此，需超過三十個小時才能到此。

中午吃飽飯，在車頂上瀟灑照一張，其實爬上車頂，因肚子大，也費了一番功夫。在鹽田，司機希望我們往上跳照一張，我們共有四個人，一聲令下往上跳。看看，周某人因年老力衰，跳到最低，其實這樣，已可告慰父老。因周某年過七十，這把老骨頭，還能這樣子折騰，已不容易。

鹽田跳恰恰

去烏尤尼，正逢乾旱，雨水少，我們的司機在鹽田上東奔西跑，終於在第二天，找到一處有水的地方。我們十個人，迫不及待，攜手共照，因為陽光反射，水面倒影，發現穿黑褲子的兩腿，倒影在水面較清楚。而左邊第一個周某，當日穿灰白褲，倒影最差，不過有此一照，也算沒白來！

另外，當地人用裝洋芋片罐子作特別表演，配合音樂，我們從罐中跳出，一路上手足舞蹈，然後返回，再進入罐中，非常有創意！周某挺個大肚子，照樣擺腰扭臀，跳恰恰，不亦樂乎。

北海道，楓葉和拉麵

我是旅遊達人，但是我幾乎二十多年沒去過日本，主要因為潛在心理因素。一為本身是南京人，老家一九三七年曾遭日本「南京大屠殺」，一為日本人喜拍老美老歐馬屁，輕視亞洲人，且有時行為想法不一致。表面上對你鞠躬作揖，心裡面卻盤算怎麼從你身上獲利益。台灣人每年四百八十萬人去日本旅遊，不知賺台灣人多少錢。另一因素，要看美麗大山大海風景，大陸絕對勝過日本。

十年前，為了賞楓，曾去北海道一遊。我愛楓葉，尤其滿山遍野或沿河邊，當全紅楓葉盛開時，簡直無法相信自己的眼睛！北海道除了楓葉，也沒啥可看，看了一下小樽運河，看年輕人拉三輪車，看購物街沒適合我買的東西，當然最後要吃北海道日本拉麵。

麵文化，是中國人最優質的食物。日本人抄襲而去，簡單發揚一下，變成他們的拉麵文化。華人麵種類繁多：牛肉

麵、乾拌麵、切仔麵、擔仔麵、雪菜肉絲麵、刀削麵等。日本拉麵，其實滿油的，加上配料不少（許多辛辣），我吃完拉麵，通常吃到拉肚子。但華人不知何故，偏愛日本拉麵。台北一〇一附近有個一蘭拉麵，二十四小時營業，每次經過皆排隊甚長，一碗麵也不便宜，為何眾人皆好，也不得而知？

不在家的小美人魚，丹麥

北歐四國（挪威、丹麥、瑞典、芬蘭），我去了四、五次，其中最讓我印象深刻，且最美麗國家為挪威。因為它有冰川、峽灣、高山，尤其是從海洋深入內陸之峽灣。丹麥以前印象深刻是小美人魚（港邊），但不幸的是小偷將小美人魚頭割掉兩次，丹麥政府還作了全腦移植手術才恢復原狀。二〇〇〇年，在上海舉行世博會，丹麥館中居然將丹麥國家小美人魚雕像，全部移到此處，而哥本哈根沒了小美人魚在港邊，但掛一招牌，寫著「小美人魚已出國去了，暫時請大家稍安勿躁，一個月後，它就會坐飛機回來了」。這是何等荒唐之事！

在挪威，我們從峽灣坐船，看著山邊水柱直奔而下，海鷗在空中向我們遊客乞討食物，牠們眼力搶功皆是一流，只要手上拿個麵包、餅乾，往上一舉，一、二秒鐘海鷗就非常沒禮貌地搶走，也不說聲「謝謝」或英文 Thank you！我們在挪威有一段行程坐高山火車，當中途在一瀑布前下車，未久音樂開始，剎那間，有一紅衣美女，隨著音樂翩翩起舞，後面大瀑布當背景，真是太美了！我們台灣觀光局應派人來學習學習，如何吸引遊客上門！

鳥都不吃橘，西班牙

去西班牙旅遊，中途在一飯店門見到許多野生橘子樹，筆者平常最愛吃橘子。見到樹上橘子招搖，即摸它一下（其實想偷拔幾顆），但導遊此時才說，此橘只供觀賞用，千萬別吃，就怕會「魂斷藍橋」。當地人有一句話說「鳥都不吃橘」，就知此橘多可怕！因為鳥是好吃的動物，牠餓的時候會飢不擇食，但鳥都不敢吃，那人怎麼能吃橘。

到歐洲去開會，無處可旅遊時，就去美術館、博物館。其中在西班牙巴塞隆納之米羅（Miro）美術館，是世界上規模最大之個人美術館。胡安・米羅是加泰隆尼亞的畫家、雕刻家、陶藝家、版畫家，超現實主義的代表人物。每次去歐洲美術館，如果一個人去，先前不作功課，走完整個館，不知看什麼？像畢卡索之畫，最後成名時，隨便在一張紙上亂畫一通，或乾脆將墨水染料往畫布一灑，也可成為一幅名畫。如果團體去，有導遊講解，稍懂一些，但回到飯店時全部忘光光！真是沒有藝術內涵之人！

麗江少數民族歌舞秀

雲南八日遊，通常由麗江開始，麗江有古城、小橋、流水，古厝非常美。但為了迎合觀光客，尤其歐美年輕人，晚上許多夜店有 liveBand 的樂團演奏，聲響如雷，真是破壞了麗江寧靜之美。

雲南有許多少數民族，其中一族為納西族，但此族仍保有自己的文化、文字（這是世界上最古老之象形文字）。此文字書寫於石頭或樹皮上，目前僅有少數東巴長老，可將東巴象形文字或書籍翻譯。麗江附近之玉龍雪山，高五千五百九十六公尺。大導演張藝謀將當地少數民族之歌舞秀配合玉龍雪山之背景，作超完美有震撼力的演出。我非常佩服張大導演，因為他在全國景區製作大型歌舞秀，如《桂林劉三姐》、《印象西湖》、《玉龍雪山秀》等，非常賞心悅目。他利用當地晚上休息之農民及當地夜景，作實境表演。有些觀光客，包括日本人看到此秀，都面露驚訝，口水都快流出來。

牧童遙指杏花村

內人過世未久，二〇一五年與大妹去參加山西八日遊。山西有歷史文化，雖然窮，以前小時候常聽一首歌《小放牛》，指牧童與野丫頭之故事。早期為了賺錢外出工作，作生意人居多，喜喝酒。到了山西南方，在汾陽市之前，經過杏花村鎮，此地以出產白酒（高粱酒）聞名，俗稱汾酒。因為急忙，找不到杏花村喝酒，敢問牧童何處可飲酒？牧童除了放牛外，尚有「交通警察」功能，故有「借問酒家何處有，牧童遙指杏花村」！

汾酒最早是國酒（如茅台），汾酒已有四千年歷史，成為宮廷御酒被載入二十四史。汾酒，選用高粱加上大麥碗豆原料的青曲為發酵劑製造而成。但汾酒非常貴，有一次去北京東來順，一

台灣在北京之生意人，請我跟家人吃火鍋。他帶一瓶汾酒，點了許多火鍋料菜。眾人吃飽，喝得有點醉時，他才說這一大盤火鍋料比不上一瓶汾酒價錢，此時才酒醒，方知自己不識貨！這時，才想到唐朝一首詩「清明時節雨紛紛，路上行人欲斷魂，借問酒家何處有，牧童遙指杏花村」。當時在公元八百三十年左右，唐代大詩人杜牧由池州南返路過汾州杏花村，寫下了膾炙人口的《清明》詩。文中有「斷魂」二字，多可怕！命都快沒了，趕快喝汾酒吧！喝到真正斷魂為止。

雖然筆者先前未到杏花村，但相信杏花村內有杏花。果然找到一杏花園，滿園白花，純潔無比。山西和陝西，皆以逢年節慶打腰鼓出名，打腰鼓者以前皆為農民，他們孔武有力，打起鼓來虎虎生風，震天價響！如換筆者去打，打不到五分鐘，網球肘、媽媽手（肌腱炎）都光臨了，還是念念書吧，粗活留給別人來吧！

紹興東湖小亭倒影，武俠片意境

十年前，曾去浙江紹興旅遊。紹興市簡稱越，古稱越州、會稽，屬浙江省地級市，為一國家歷史文化古城，且出師爺地方。此地出產黃酒（即紹興酒）。紹興已超過二千五百年，是中國最古老城市之一，春秋為越國都城（後遷至姑蘇），是吳越文化發源之地。當日去紹興，原要拜訪魯迅（大文豪）故居，但整修未開放，去秋瑾故里（她早已不在），最後只好去東湖。

東湖雖距紹興六公里，面積不大（無法跟西湖相比）。因不出名，遊客甚少。當日煙雨朦朧，見一小船，船夫身穿簑衣，靜悄悄地，船過水無痕，非常有武俠片之意境。在湖邊小照時，發現對岸有四個老人及小亭，與光禿禿之樹，倒影在湖邊，真是印象深刻。我這個人是否在照片中，已不重要了！

回程，從紹興到上海之火車上，突有一老人出汗昏過去，急徵車上醫師。周某二話不說，加入急救行列。看到老人，把個脈，看看眼球是否瞳孔放大，即在列車中

把他上衣脫去（男人沒關係），躺平吹吹風，老人未做CPR，五分鐘即清醒！有點像熱中暑。列車長問我從何處來？我說台灣。當時兩岸關係佳，列車長未久即用廣播器說：一位偉大台灣來的醫師，替一位已病危的大陸同胞作急救處理，成功救了一位長者之生命。我聽到後，不管是真是假，都感動不已，再一次為兩岸進行了優質的國民外交！

經典電影拍攝景點，羅馬

去羅馬，至少六次。每次去，必造訪古羅馬凱旋門，尤其是鬥獸場。許多電影皆在羅馬拍攝，如《暴君焚城錄》、《神鬼戰士》、《賓漢》、《羅馬帝國淪亡錄》、《龐貝古城——維蘇威火山》。另外筆者最喜愛奧黛麗赫本與葛雷哥萊畢克合演的《羅馬假期》，每一部皆是經典作品。

在羅馬，有一噴泉為特萊維（Fontana di Trevi），其中一池為許願池，我每去都會向後投硬幣，早期為義大利幣，後來為歐元。投時，許個願祝大家健康平安，年紀大不要再說賺大錢。我與內人最後一次遊歐，參加在羅馬舉辦之風濕病大會（二〇〇九年六月初）。當時，內人身體比我健康（我每月門診太多，病人與繁忙教學工作下，已壓榨得不像人）。每次出國開會，除了求知外，其實也散散心。開會那五天，在會場外的時間，比會場內要多。有些人比我差，每一天都在街頭閒逛購物。

二〇〇九年我們又到許願池，再投硬幣兩歐元，祝家人健康平安，誰知三年後（二

○一二年），內人即得第四期肺腺癌。每次看到她在羅馬的照片，不禁悲從中來！投錢許願，也沒討個吉利，下次去許願池，就別再丟錢求保庇。

長亭外，古道邊，芳草碧連天

車呼嘯而過，為何自己的肥肚但無肉之身體如此敗壞！騎了半小時，到杭州西湖虎跑泉。相傳當地原缺水，一天有隻老虎在此不停地打轉，可能口渴，因動物也須喝水，經當地居民往下挖，果然挖到一口好井，故曰虎跑泉。抵達後，爬樓梯在一建築物前，見到有關於弘一法師之簡介。

弘一本名為李叔同，名文濤，出家後號弘一，晚年稱晚晴老人。他為文學家、藝術家、音樂家，突然想起我小學時唱《送別》，原是出自弘一。此歌曲已過了六十年，我依然會唱。到了弘一紀念館內，看到一牆壁，居然將他的歌詞寫在壁上。我禁不住，也不管其他遊客，大聲唱起來「長亭外，古道邊，芳草碧連天……一瓢濁酒盡餘歡，今宵別夢寒」。唱著，眼淚不禁落下，真是勾起兒時太多回憶。遊客弄不懂，怎麼會有一老先生在館內高聲唱歌，但聽完如此動聽之歌聲，給了一點小掌聲！

千年不墜，磐陀石

去寧波參加學習班後，安排到普陀山一遊。普陀山是中國浙江省舟山群島的一個島嶼，也是中國四大佛教名山之一（其它為安徽九華山、山西五台山、四川峨嵋山）。筆者不簡單，四座山全去過，但就是沒信佛教、道教。

我與宗教無緣。在美國留學一年期間，許多信仰基督教之台灣留學生（許多已在美國就業），每個星期日，請筆者在不同家中作客（通常每家帶自己準備的一道菜，一次有十道菜左右），除了唱聖歌、禱告外，最重要的是吃晚餐。我將返台時，諸多基督教兄弟，皆希望我能成為基督教徒。我見大家期待

的眼神，最後只能說很抱歉。吃了大家半年主賜給我的晚餐，但我就是難跨出去這一步。大家悻悻然，可能大腦想著這小子白吃了我們半年。

我當時去普陀山與協和醫院唐教授同往，在普陀山見到一千年石，以一根簡單支持點撐在另一大石頭上，千年不墜，因若磐石，其名為「磐陀石」。人若這樣穩重如石，就不簡單了！當天還去拜了幾個廟，居然有一廟內，尼姑和尚皆有，讓我驚訝！雖然拜了廟，保吉祥，但仍丟了一件我寶貴的風衣！

南朝四百八十寺，多少樓台煙雨中

南京是六朝古都，也是我的老家。南京為一山城，鍾山（紫金山）為包圍南京一座名山。有一首國語老歌叫《鍾山春》，即描述於此。

南京周圍有棲霞山，台灣星雲法師出家之寺廟，星雲法師曾在北榮看病，他胖得就與彌勒佛一樣，講話一口揚州腔（我最愛吃的炒飯，叫揚州炒飯）。而棲霞山秋日，楓紅層層，有句古諺「春牛首，秋棲霞」，南京尚有一景為雨花閣，此地位於雨花台區。相傳梁武帝一代高僧雲光法師在此說法，眾僧侶聆聽，持續數日不散，感動蒼天，落花如雨，故稱雨花台。六朝時建雨花閣，已有千餘年，後建於一九九七年。詩句「南朝四百八十寺，多少樓台煙雨中」，雨花閣因而成名。南京是長江流域之城市，而下關碼頭即為鄭和下西洋之處，細雨時，江邊聽雨，別有情趣！

接近天堂之湖，牛奶海

四川稻城亞丁，美麗不在話下。但你必須克服高山症（因為都在高海拔地區，至少三千五百公尺以上），你必須有體力、毅力及好關節才能欣賞絕佳美景。筆者關節好（因為自己為風濕關節病醫師），毅力好（從小就有不達目標，死不干休的氣魄），然體力稍差，趁著還有一口氣在，趕快爬爬高山。

走在亞丁，最難過的時候為去高山牛奶海途中。爬幾個階梯，吸一口氧氣。中途有人牽小驢子誘惑我（老大爺，您別爬了，騎小驢子上山，多愉快），但老周天生硬骨（尤其我又研究僵直性脊椎炎，骨頭硬得不得了），死不屈從，硬是爬到高山湖牛奶海（藏人稱湖為海）。但見兩岸山脈夾一湖，白雲似乎垂手可得，因為我們已快接近天堂了，見此景象，終身難忘。

另外在一山上，見到樹上樹葉發黃，以為是何種植物，近看才知是杉樹。小弟從未見過杉樹，杉葉如此火黃，眼睛為之一亮。大陸各地風景特殊，不來一看，真是可惜！

山歌對唱，處罰洗腳七年

在張家界有個寶峰湖，當日約三十人搭船去湖上一遊。行程近一半時，突從山腳下有一少數民族（土家族）美女唱著當地山歌。唱完後，即跟本船呼喊，希望有一人能跟他對唱。筆者因平日愛哼歌唱歌，在船上有人聽到筆者低聲唱歌，故推舉筆者出去與對面小姐對唱（此處特別提醒在大陸稱女人，千萬不要用小姐，因為小姐在大陸上是風塵女郎）。

我應觀眾要求，再加上也愛秀，上去跟他對唱三首，第一首《夜來香》、第二首《綠島小夜曲》、第三首《月亮代表我的心》。她唱了三首土家族歌，我一首都聽不懂，但有一優點，為聲音響亮不用麥克風，歌聲一樣隨風而來。

但周某，人年老力不足，需用大聲公才可將優美的歌聲傳給她。但最後小姐說，我唱三首，你要跟著對唱，但你沒一首是對唱，全是自唱，你不及格，要罰！結果一聽，罰則嚇死人，要給這位小姐每日洗腳，連續七年，才能解禁，怪怪！那還了得。周某人有多少患者在等著我回台去看病，最後只得向小姐說好話，我從台灣來，回去還有任務，不得已只有回台灣，待退休後，有時間再好好幫你洗腳。

哈瓦那，沒有「中國人」的「中國城」

二〇〇八年在古巴哈瓦那旅遊，當晚去華人街走走，順便吃飯。當夜幕低垂時，我即往華人街前進。其實華人街，離我旅館約二十分鐘路程，雖名為華人街，不像紐約、洛杉磯、溫哥華等地，進入後連半個華人都未見著，怎麼能稱華人街？在入口處有一立牌，上有中文字且為繁體字，寫著「哈瓦那市區及哈瓦那歷史學家辦事處」，是有點華人街的味道。事實上，此城市大廣場、小路旁全是古巴人在運動、打球、嬉戲，我腳步加快，因天已黑。有人介紹我一飯店較不錯，名為「三個中國」（Three China），奇怪？海峽兩岸都在爭「one China」（一個中國），怎麼此哈瓦那有「三個中國」？我在大路邊未見到招牌，即往小巷內衝，終於被我發現了。

進入店內只有一長得像華人的古巴人招呼我，他不會說國語，只會說英文。我點了一道湯、一道鐵板牛柳飯及一杯可樂。然當第一道湯上來時，嚇我一跳，一碗湯好像五人分量，除了青菜外，放了一堆火腿培根，從小到大第一次吃這「怪湯」，因已肚餓，硬著頭皮將它喝完。再上牛柳飯，又讓我嚇一跳，一大盤牛肉，我這小胃哪容得下？此次，我只吃了半盤就已作嘔，匆匆付了鈔票，外加一成服務費即離開。這哪是中餐？不過到哈瓦那沒有「中國人」的「中國城」，有口飯吃、有口菜吃，應該滿足了。

晚餐吃完，已近九點，小巷內變更黑，怕被黑人、古巴人搶劫，走起路來特快，而且臉上作出兇悍的表情，頭髮弄亂一點，讓當地壞人以為我要搶他們。此種思考行動模式，源自於我一位二十年前在紐約進修的學長。人家在紐約不敢夜遊不敢搭地鐵，怕被黑人搶，但他老兄神勇，每晚皆外出搭地鐵，我請教他為何如此神勇？他給了我一個祕方，即你的模樣一定要比黑人還可怕，如褲子剪好幾個洞，頭髮亂得像巫婆，身上大片刺青且刺一條中國龍，壞黑人一見你，他會認為你比他還壞。

另外，你可能還有特別「中國功夫」，他就不敢靠近你，以免挨拳或劈腿。他在國外進修一年，念書沒有什麼長進，但在紐約風光了一年，尤其是夜晚。

在那遙遠地方，有位好姑娘

去絲路新疆之旅，一路上可碰到游牧民族，包括藏族及維吾爾族，偶爾可碰到蒙古族。蒙古族是馬上英雄，小孩七歲父親就給他們一匹馬，從小就馳騁在大草原上。有一次去參觀蒙古族，導遊給我們一個額外的驚奇（騎馬逛大草原）。我是分配給一位七歲馬童，上馬前，我先問他「是否有駕馬執照」？他說大爺，您別囉嗦，上馬吧。我上馬就折騰了五分鐘，差點摔下馬背。一上馬，就不敢動，因為當時林志玲才從馬上摔下沒多久，狀況嚴重，還用專機運回台灣診治。我沒志玲那麼有名有錢，沒專機，只能在偏遠山區醫治，待穩定後再坐普通民航客機返台。不得不小心謹慎。

待小馬童坐上馬後座時，即刻揮馬鞭，往前奔馳於大草原上，當天飄著細雨，馬不停地向前衝，因路不平，顛簸不已，顛得我想小便。再往前衝五分鐘，我想要大

便。最後走十五分鐘才停，嚇得汗水和雨水交替而下，上馬前還想唱首王若賓的民謠「在那遙遠地方，有位好姑娘……」，這一折騰，完全失聲，且氣喘如牛（咦？馬跑這麼久，怎麼不喘？）。待晚上身心平靜時，才唱一首從小喜愛的民謠，原野三重唱唱過的《在那銀色月光下》，在高空及如此寧靜之月光下唱著，唱著，真是陶醉了！

路途上不見人蹤影的芬蘭

芬蘭是北歐四國之其中一國。狹長地形多湖，是雙語國家，也是世界高度已開發國家和福利國家，國民有極高標準生活品質。東西非常貴，麥當勞越北越貴。

芬蘭面積有三十四萬平方公里，人口僅五百多萬。以前在芬蘭旅遊，路途上不見人蹤影，好不容易到了首都奥斯陸，又沒幾個人（逢周末人更少）。不像台北市，到處都是人，人多也有好處，人與人之間可接近，可互相交談。在芬蘭晚上，尤其冬天，街上一個人都沒有，晚上有人的地方在小酒館，酒鬼特多，加上天寒，憂鬱症相對也多。

芬蘭首都赫爾辛基，也沒啥好看，有一個赫爾辛基大教堂，有一岩石教堂（又叫聖殿廣場教堂），一九三〇代即存在，在二戰後此教堂修建於一個巨大岩石中。有一座公園為紀念尚西貝流士音樂家，上述幾個景點我已去過兩次，沒大興趣，反而當天街道有一遊行，我感覺沒白來。遊行者有些穿花花綠綠，有些穿清涼無比的「比基尼」裝，在炎熱夏天，讓你稍感涼快！

首爾，年輕人天下

首爾東大寺稍美之處，為幾處的楓葉盛開。現在不論地鐵上、風景區皆為年輕人天下，不是嘻嘻哈哈、就是不停地玩手機。我在地鐵，車上沒人理我這老頭，也不讓座！在楓葉樹下，有一年輕妹妹，一個人照相十分鐘，一下左擺臉、一下右擺臉，我在旁邊等，沒人理你。乾脆別照自己，將這位自認為美女的韓國人，照相入鏡。其實韓國女人幾乎皆整容，想要不美還真難！

遍插茱萸少一人

退休前，招待自己祕書、助理及大妹兒子去河南旅遊八天。中間有一天去焦作，附近有雲台山，以前未了解雲台山有何特別之處，直到當地導遊提到雲台山有茱萸峰（茱萸為一種植物，可當中藥），才了解古代詩人王維一首詩，「獨在異鄉為異客，每逢佳節倍思親，遙指兄弟登高處，遍插茱萸少一人」即描述於此。

雲台山尚有一峽谷為紅石峽，非常秀麗壯觀，值得一遊。當晚住焦作，晚上閒逛至人民廣場，見許多小娃（大概五～十二歲）在廣場上習武，又是翻滾、又是跳躍。長大後，不只身體強壯，又兼具武功，優秀的可去少林寺深造。我老了，也跳不動了，當然沒武功。遇到搶劫，趕緊將口袋內所有錢奉上，免得挨一刀。台灣小孩，則整天玩電動玩具，應學學大陸娃，每日跑跑跳跳，鍛鍊身體！

音樂之都，維也納

二〇〇五年在維也納召開歐洲風濕病大會，我帶內人及兒子前往。女兒則從加拿大去維也納與我們會合。維也納是奧地利首都，人口近二百萬，維也納（德語為Wien），是僅次於柏林，歐洲德語區第二大都市。維也納因為豐富之音樂歷史遺產而被稱作音樂之都。最著名的是約翰史特勞斯（父子）《三步圓舞曲》，尤其《藍色多瑙河》百聽不厭。另外，它是世界第一個心理治療師西格蒙德．佛洛伊德的家鄉，而被稱之為「夢之鄉」。

市區內有美皇宮（哈布斯堡王朝）、霍夫堡皇宮、貝爾佛帝宮。美皇宮為華麗巴洛克建築。霍夫堡皇宮，我與家人去過兩次，尤其在夏日常會舉辦圓舞曲演奏及舞蹈表演。看著舞者神采飛揚，襯托著《藍色多瑙河》舞曲，氣勢磅礡，真是讓人陶醉，心花怒放！

奧地利另外一有名城市為薩爾茲堡，一九六五年電影《真善美》在此拍攝，此城市英文名字Salzburg，salz中文為「鹽」，是指此地以盛產鹽出名。是奧地利第四大城市，也是音樂家莫札特出生地！電影《真善美》（我至少看過十遍）在此拍攝，尤其中間一首歌（一、二、三、一、三、一三……），小孩在一台階上唱跳。我此次與一兒一女出遊，我們也模仿在台階上唱（一、二、三，一三）大家太高興了，因為我們今天身臨其境。

另一首歌為《小白花》（Edelweiss），此小白花描述，即使在冷天氣及非常高的山崖上，都可以綻放。我非常欣賞此歌，在國外旅遊巴士上，在個人退休音樂會上，我都下海唱，還真是寶刀未老！

出色的建築外觀

歐洲有文化、歷史，連建築物都有特色。波蘭華沙廣場許多建築，漆成不同顏色，在太陽光下，光彩奪目。有些牆壁上黏貼許多不同壺，真是賞心悅目。反觀國內建築，千篇一律，只追求高大，沒有特色（除了一〇一附近的新建築外）。有錢人買豪宅，動則上億，室內像宮殿，室外不像樣，應該學學西班牙、歐洲等國家。

某次旅遊，在華沙街上，看到一女孩拉小提琴，出來賺點外快。她拉小提琴，自娛娛人，加上氣質高雅，不像是窮人子女。就台灣小孩太享福了，在父母寵愛下，有吃有喝有玩，不知道賺錢不易；長大後不願吃苦，永遠伸手牌要錢，要到父母都進棺材，

再來互相爭奪父母遺產。出外帶孩子旅遊，不是光玩，要教育一下自己的子女，向這位優雅小妹妹看齊。

搭夜船

婆羅的海，北歐之小國，包括立陶宛、拉脫維亞、愛沙尼亞，二〇一五年去北歐四國旅遊，順便經過此三小國。拉脫維亞及立陶宛，大多數是波羅的海人；而愛沙尼亞大多數人是波羅的海芬蘭人。

在愛沙尼亞停留時，二妹女兒與女婿（芬蘭人）Urso從芬蘭來迎接我們，我們去愛沙尼亞首都塔林逛逛，碰到一間coffee店（從一八六四年即存在），是最古老脫俗的約會指定點。晚上我們搭夜船從塔林往芬蘭首都赫爾辛基，船上飲料免費喝，但食物不佳。

二妹女婿Urso赫爾辛基大學電腦系畢業，英文很好，但不愛講話，與他見面一小時也講不出一個字。你問他答，你不問，他就笑笑，像一個嚴肅學者。前幾年過年來台灣，他說台灣好，理髮只要一百元，芬蘭可能要五百元，東西好吃，但唯一他對花生過敏，常身上癢。他來榮總過敏科看我，做完檢查取些藥，他的癢即不發，直說台灣之醫療水準優於芬蘭。其實台灣的醫療水準是大部分醫師努力而來的，目前台灣未通過立法（醫師除罪化），其實對醫師是不公平的！

八千里路雲和月

四川稻城亞丁，人間最後一片淨土，高山、大湖、雪山、黃杉、牛奶海、紅樹、紅石。河中石有藏文刻，白楊樹有倒影，去康定唱《康定情歌》，即使回台灣已兩年，那種美景，仍歷歷在目！想看大山大海去大陸！因為周某已跑遍大陸大江南北。披星戴月，八千里路雲和月，跟光頭凌峰有得比。

退休後，筆者可當大陸領隊。如當地導遊突缺席或旅遊知識不足，亦可兼作當地地陪！早期大陸導遊有地陪，全陪（什麼都陪，包括陪你去購物、洗足浴、看表演等）。保證陪得你全身的金子、銀子都賠掉了！

巴爾幹半島最大的修道院，里拉修道院

保加利亞的里拉修道院是最著名之古修道院，是巴爾幹半島最大的修道院，位於首都索非亞以南一百一十七公里，海拔一千一百四十七公尺，這座新拜占庭建築始於公元十世紀，是由隱士里拉聖約翰建造的，公元十四世紀，毀於地震，最後再重建，一九八三年列入世界文化遺產。

保加利亞首都為索非亞 Sofiya，人口一百二十四萬，我們在市區一座賣場內自行採購當地紀念品。而有一家小吃店面，居然是供應台灣食物（Taiwanese Food）。但是高興了半天，想吃吃家鄉食物，然一看人去店空，原來他們今日公休，真是掃興。

搭乘阿拉斯加郵輪

四年前與初中同學十多位搭乘阿拉斯加郵輪，從溫哥華上船，途經米諾（首府）、凱契根及史凱威，最後抵達安克拉治。這是筆者第二次搭郵輪。第一次是亞洲之旅，百分之八十以上客人為亞洲人或華人，船上節目盡量請亞洲或華人表演，看得懂，聽得懂。此次阿拉斯加郵輪，百分之八十以上為美加人士或歐洲人，節目表演傾向歐美。

某晚，船上有脫口秀節目，中間夾雜許多黃色笑話俚語，表演中隔壁左右皆為美國人，他們笑得天翻地覆，而我不知他們在說什麼？笑什麼？為了表現自己英文聽力不錯，也聽得懂，就陪著他們笑！他們大笑，我大大笑，他們微笑，我則大笑，這就是典型阿Q。搭郵輪從溫哥華出發第一站到凱契根，此為鮭魚故鄉，早期也是工人的紅燈區。有

一博物館介紹紅燈區歷史，進入參觀約十元美金。大多數人不進入，怕花錢，我要了解紅燈區歷史，就花錢進入。第二站史凱威，為早期掏金小鎮，小鎮房子還是早期西部電影中所見，只可惜目前無金可掏，小鎮當然沒落。

我們途中還去觀光阿拉斯加冰河，有走路的、有坐船的，看到冰河如此壯觀，但現在因 CO 排量太多，氣候暖化，冰塊大量溶解，等過幾年，因氣候變遷，大水洪災，颱風不斷，人類再不醒悟，快沒救了！

我現在希望存一大筆錢，萬一地球沒救了，可坐太空船到火星定居，但上去後，沒 7-11、沒吃的、沒電影報紙看，大概很快就掛了！

點石成金，黃大仙

浙江金華，古稱婺州，自秦王政二十五年（公元前二百二十二年）建縣至今，已有二千二百年歷史。而我們所熟知的金華火腿，是鹽醃過後再風乾、發酵的豬腿，宋朝列為貢品，和宣威火腿、如皋火腿並稱中國三大火腿。台灣最有名之萬有全火腿即為金華火腿。金華尚有一著名的廟為黃大仙廟。黃大仙為金華人，真名為黃初平，入道教後，屬名赤仙子，號稱赤松仙子，後世稱為黃大仙。據說他原來是當地一名牧羊的牧童，在金華山中修煉得道升仙。

中國民間流傳其法力高強，能夠點石成金。香港黃大仙廟，建於一九四五年，是香港九龍最著名廟宇之一，香火鼎盛。每年農曆年大年初一，市民都要爭頭香去拜拜，一則保平安，一則賺大錢。香港人大部分作生意，其實非常崇拜黃大仙。在香港黃大仙廟拜完後，還成群結隊去金華黃大仙廟再拜一拜，順便帶回金華火腿，打打牙祭！

我在金華一廟前，見一道士大白天睡在一石板上，不知道身體不好？還是晚上失眠導致？中午與兒子見一餐館，窗子邊掛著成串香腸，就入內吃中飯，順便點了三根香腸（用蒸的方式）。哇，好好吃，與我母親做的差不多（然母親已過世）。我已尋找了許久，終於在金華吃到夢寐以求的香腸，沒白來了！

不看玫瑰，買精油

保加利亞玫瑰做成的精油，佔全球七成左右。採下玫瑰後，經過水蒸餾做成玫瑰精油。在二〇一五年巴爾幹之旅，保加利亞最後一天旅遊中，導遊帶大家去玫瑰谷看玫瑰，順便採購玫瑰精油。坐車含午睡約二至三小時，停車時發現沒有到種玫瑰之玫瑰谷，反而是到一玫瑰精油之店鋪。但是團員也不跟導遊爭辯為何沒到玫瑰谷看玫瑰，一群人歇斯底里像發瘋似地往精油店內衝，這些婆婆媽媽像已經準備好了，大包小包買一大堆。

一些便宜的，一美金一盒，送人還蠻合適的。看到他們都買完了，錢也快沒了，我再輕鬆地買了十盒，也不曉得效果如何？送給誰？只覺得氣味芬芳。我是男人，可不能塗，免得娘娘腔，人家以為我是女人！

風不死岳山

日本北海道，秋天的楓葉確實美。楓葉見紅時間，約在十月中旬，由北而南，約持續至十一月上旬。二〇一一年筆者單獨前往，在一小溪邊，楓紅層層，簡直美得無法形容！在一楓樹旁，一群小女孩（十五～十八歲）舉個V字型手勢，嘟個小嘴巴，把原先楓葉之美景破壞了！不知是誰發明照相，要用手弄成V字型？有些還要往上跳。

時代變了，現在連老太婆也開始學美少女，騷首弄姿就罷了，也往上跳；其實老太婆已到骨鬆年齡，一不小心，跳下時有骨折風險。周某有書生氣質，靜悄悄地在椅子上照一張，不討人厭。再望一下遠山，什麼山？旁邊有說明，為「風不死岳山」（Mt. Fuppushidake）。日本人翻譯英文很辛苦，他們從第一個字到最後一個字，盡量要翻譯出，此山有十二個字母，要是三十個字母，那唸也唸不完。

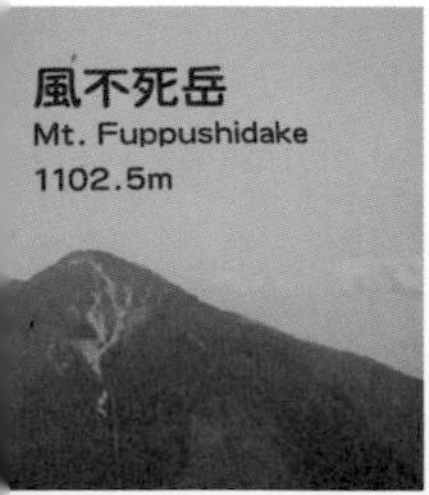

青海的草原，一眼望不完

絲路之旅必經蘭州，蘭州有一百年以上之黃河鐵道橋，有黃河之羊皮筏子，有令人垂涎的蘭州拉麵。我第一次坐羊皮筏子在蘭州黃河，當時只有十六個吹氣的羊皮綁在一起，在黃河順流而下漂流，我簡直快要心臟痲痺加上腦中風。最重要的是我不會游泳，萬一有個閃失，則老命不保（家中尚有老父母，妻子女）。

漂流了二十分鐘後，上岸再坐汽艇上游回原地。不過這是特別經驗，此羊皮筏子只有大陸才有，僅此一家，別無分號。在黃河邊有幾位男士在下棋，三位蹲姿，可維持八個小時，面不改色！我連五分鐘都無法蹲！再蹲下去，「大號」都可能發生！

一日，我們一行人到了青海湖邊，此青海湖為中國最大鹹水湖，面積四千二百三十六平方公里，環湖周長三百六十公里，海拔三千二百六十公尺。此時突想起一首愛國歌曲《中華民國頌》中之歌詞「青海的草原，

欢迎您乘坐羊皮筏子
吉祥葫芦 牛肉面
羊皮筏子 赛军舰
古老水车 悠悠转
还有百合 与洮砚

一眼望不完」，就隨便唱了兩句。說實在的，到青海邊跟在台灣日月潭邊唱此首歌，意境絕然不同！

赤道兩端，都是朋友

前兩年去中南美洲旅行，其中有一國家，中餐供應我們吃當地大老鼠，即厄瓜多。此是一個位於南美洲西北部國家，首都為基多。厄瓜多於一八〇九年脫離西班牙獨立建國，由於赤道橫貫了厄瓜多國境，所以西班牙文中以赤道（Ecuador，中文譯名為厄瓜多）作為國名，因此該國又擁有赤道國的別稱。

因盛產香蕉而出名為「香蕉之國」，海拔高達二千八百五十公尺，使該市成為全世界第二高首都（第一為南美洲玻利維亞首都拉巴斯），為南美洲成員國。而厄瓜多由於曾經是西班牙殖民地，境內人種複雜，其中印歐混血人口佔總人口百分之四十一（Mestizos），印地安人佔百分之三十四，白種人佔百分之十五，尚有黑人與黑白混血人口。

走在首都基多街上，盡是些肥肥胖胖有點像老墨（墨西哥）的人，他們有許多在街頭上販賣手工飾品、飲料、食品等，居然在食品中有在賣生日蛋糕（在台灣，一般

都在店內賣），難不成他們喜歡過生日？可能街上賣的蛋糕比較便宜！也有擦皮鞋的，台灣街上已不復見。本想幫忙他們這些窮苦人家，但一看腳上穿的是穿運動鞋，此球鞋如何擦？我跟團員蘇先生，佔赤道南北各一邊，表示我們不同赤道端的人，都是朋友！

US one dollar，一美元

到埃及除了看神廟外，另一自費行程是搭熱氣球升空，俯看下面帝王谷（古代埃及帝王埋葬之地）。熱氣球是靠瓦斯燃燒產生熱能，讓熱氣升空，風向亂，瓦斯燃燒不易控制，管線維修是否徹底，都會影響熱氣球安全。出發之前，我看了以前的報導，二〇一三年二月底在埃及曾發生熱氣球爆炸墜毀之意外，死了十九人。

周某在大海上萬一出事，不會游泳，只能等著叫救命。在空中萬一出大事，又不會武功，也只會叫救命！年紀已大（當時六十六歲），此為吉祥數字，要花費一百六十元美金，賭一賭，人生就這麼一回。了不起，飛上空，不看地面（我有懼高症）！當天坐車，大清早去升空場集合，筆者有點肥，手腳不靈光，光進入熱氣球籃內，還得靠別人幫忙，真是沒用的老頭。氣球終於升空了，升空到一半，我的妹婿偷偷告訴我，熱氣球的圓頂上，有一小破洞。這下完了，開始不斷禱告，還好和平降落。

在空中有看到帝王谷嗎？啥也沒看到；下了熱氣球後，驚魂未定。當地二十～三十個小孩跟我們要錢，US one dollar，在埃及到處都聽到 one dollar。藝術品店內 one dollar 騙你入內，之後都是 ten dollars 起跳。中午用膳，埃及餐跟土耳其餐相似，難吃無比。我隨便吃了兩口飯即停止，而隔壁妹妹胃口挺好，吃得光光！

一片漆黑的鐘乳石洞

去巴爾幹半島，我們先去威尼斯，再由此進入巴爾幹半島第一國——斯洛伐尼亞。此國家面積比台灣還小（僅二萬多平方公里），美國總統川普妻子梅蘭妮亞女士，即是斯洛伐尼亞人，此女士我很佩服，做事有原則，常不隨川普惡搞作風起舞。斯國人民百分之九十以上信奉天主教，所以沒有其它巴爾幹半島國家種族糾纏不清及戰爭的問題。一九九一年，斯國和平獨立，不像克羅埃西亞或波士尼亞長期流血戰爭才爭取到獨立。

我們去該國，第一站參觀歐洲第二大鐘乳石洞 postojnska cave，要坐車進去需排隊。等候時，在入口處有一牌子上寫 postojnska JAMA，趕快照一張，我對英文第一字不感興趣，但 JAMA 我有興趣，因為它是美國一個期刊，水準很高的醫學雜誌（Journal of American medical Association，簡稱 JAMA）。為何斯國此處有 JAMA 不得而知?·排隊近二十分鐘，坐車入內，室內漆黑一片，大家忙著拍照，也不知道照到啥?·反正老中只要有相機在手，

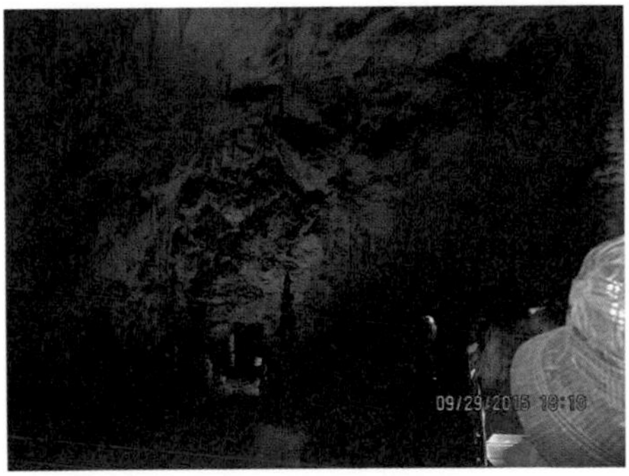

就拚命照（反正不要錢的），照完後，全是「黑」也高興。其實個人經驗，在洞穴內即便有點燈光，照相也需要特殊配備；專人、特殊照相機幫你拍照皆要錢，且收費甚高，多數人不買。沒關係，只要一團，能有二、三人買，他就賺到了。在洞穴內常有奇怪之圖像，有一類似「老虎發怒」照，但導遊隨便說說，你聽聽就好。

徹底垃圾分類的斯洛伐尼亞

斯洛伐尼亞首都為盧比安納，人口僅二十七萬左右。它地處阿爾卑斯山山麓的河谷盆地，城市建築明顯來自奧地利和義大利強烈的影響。位於河畔市中心地帶，遍布文藝復興風格、巴洛克風格、新古典主義和新藝術復興風格的古老建築和橋樑。我們在河邊漫步，望著許多路邊咖啡店及古建築，怡然自得，忽見路邊幾個鐵桶，原來是垃圾桶。斯國路邊垃圾分類，比我們做的更徹底，居然有專門裝glass（玻璃）的垃圾桶。

歐洲有綠十字的招牌皆為藥局，他們不能販賣沒有醫師的處方藥，僅能販賣成藥（如普拿疼、一般感冒藥），像Aspirin阿斯匹林皆要醫師處方。不像台灣大都市許多藥局，除了安眠藥外，其它許多藥如止瀉、肚子痛、消炎藥、抗生素皆可販售。問題來了，尤其鄉下地區就醫不便，有些藥劑師突然角色轉變成醫師，向病患建議購買許多處方藥，以致有時吃錯藥或耽誤病情。其實國外「醫藥分業」是正確的，藥劑師應該有時間向病患講述藥的作用、副作用，藥物是否有交互作用等重要資訊；而台灣藥

師在目前疫情當下又多了項額外工作「賣口罩」。看來台灣藥師是萬能的，其功能遠超過醫師，政府應調高他們的待遇！

龍橋，中國龍？

盧比安納，城市雖小，但漫步街頭巒有看頭，河流彎彎曲曲，蜿蜒經由市區。除了遊船外，尚有人用獨木舟在河上航行，路過一橋，名為龍橋。奇怪，龍為古代中國之吉祥動物，怎麼此地也有龍橋？莫非建築師為華人。中國龍，確實也影響了歐洲，尤其武打明星李小龍，也有「龍」字。本團有兩位女士為龍的傳人，像古代詩人李白，非常愛喝酒，一路到任何商店皆買當地啤酒，然後晚上回房去喝。有一次邀請我前往，我也陪他們兩人喝，喝了許久，方知個人酒量甚佳。但第二天尚有行程，不醉也得歸！

街上閒逛遇一自動販賣機，上面寫有「condor」一字，一時沒會意過來，以為販賣

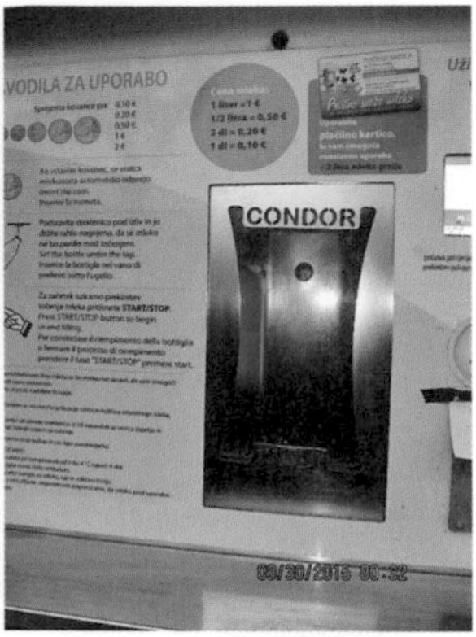

保險套，但事實上只差一個字，保險套為「condom」，而condor為一品牌。自動販賣機賣的是牛奶（一升＝一歐）。保險套跟牛奶相差甚遠，不要誤會了！

湖中島美麗教堂

斯洛伐尼亞最美之處為布列德湖。我前幾年曾因開會造訪過，當時只有一個人，沿著湖邊漫步繞完一圈，花費三個小時。但因當天飄著細雨，朦朧中看到布列德湖中之島，有一聖瑪利亞古教堂，在湖中倒影，真是絕美極了。當天未到湖中島，一個人沿著湖邊不停地拍照，因為沒有遊客，必需自拍；但不知為何，照出一張頭又大、人又黑的可怕照片，好像「犯人」般，從此對自拍有著恐懼感。

此次二〇一五年前來，跟著團隊，早上起床在湖邊小照，之後再搭船去湖中島。看搖槳人為三十多歲年輕人，問他為何從事此行業？他說找工作不易，為了生活只得暫時當船夫。奇怪歐洲船夫也這樣帥、這樣有氣質，看樣子文化氣質是長久環境教育培養出來的！我因照出湖中島美麗教堂及其倒影的圖片，有一年諾華公司拿去放入他們公司年度的月曆中，讓自己得意了一年。

假老翁垂釣

安徽池州生態環境優美，境內名勝甚多，最著名為九華山，是國際級道教佛場，中國四大佛教名山之一。九華天池，位於池州市貴池區馬衙境內，水域面積五十多萬平方公里，有天池、冰川、河谷、芙蓉、峰等。此天池湖面甚廣，有小橋、有老翁垂釣，老翁垂釣初始以為一老翁在湖邊垂釣，且有樹木倒影映在湖邊，多有詩意的景象；然過去想與老翁聊聊，但發現是假老翁（非人類），不過意境夠了。

另外，湖邊有一木棧橋，可到湖另一邊，當日下小雨，筆者在木棧橋徐徐而行，快到尾端時突見一告示牌，寫著「此處已淹死一人，嚴禁涉水，後果自負」。我要是硬走，亦不好，因為以後告示牌可能寫著「此處已淹死二人」。最後，才悻悻然往回頭走。奇怪，告示牌為何不早點說，我就不必走一大段冤枉滑路（下雨），不淹死，摔一下，可能也會嚴重骨折。

猛虎下山騰空跳過，虎跳峽

雲南素以風景壯麗，少數民族多而出名。二○一九年年初，本擬前往九寨溝，但因地震後仍在整修，而改去雲南。其中一景點為「虎跳峽」，此虎跳峽位於雲南玉龍與中甸之間金沙江上。相傳金沙江逢枯水期時，有猛虎下山，在此山中礁石上一腳騰空便跳過，故稱虎跳峽。從谷底到山頂高峰差距三千七百九十公尺，最窄處約三十公尺，天然落差二百多公尺，水流湍急澎湃，非常壯觀與壺口瀑布齊名。

瀑布附近之鎮上，有著年輕情侶穿上古裝照相，女生長的可以，但拍照之一剎那，噘個小嘴（新潮作風），實在夠難看。在一小酒店入內處，有一假狼，但掛了個招牌（色狼），是內有色狼？還是想引狼入室，真難知曉。

武漢東湖公園賞櫻花

二〇一九年去武漢賞櫻花。世界有三大賞櫻之處，除了日本外，武漢大學校園之櫻花，早已名聞海內外。但是武漢大學櫻花，必須上網預約，我做事永遠慢半拍，到了武漢大學門口，只得望門興嘆！隨便往樹上亂照了兩張。但靈機一動，去武漢東湖公園賞櫻花，入園須買門票，但一進入後即覺值回票價。當天人不多，滿園盡是紅粉色櫻花盛開，還有黃色油菜花在下面相呼應，加上天空飄著細雨，真是美極了！不輸日本！

櫻花下，有年輕女孩穿著漢民服裝而非和服照相，個人覺得中國大陸老百姓有極高的民族意識及重視中國傳統文化，此為台灣政府應注意提倡，非盲目追求日本文化。

樹木吊點滴

武漢植物園內上種植大面積之鬱金香，各種顏色爭奇鬥豔。不讓荷蘭鬱金香專美於前，大陸現在種植花草園藝，已經世界一流，君不見為了一棵樹保養，吊上點滴給予營養。現在植物幸福了，以前只在人生病時吊點滴，目前樹亦可有此福分。

冷到無法想像的哈爾濱

哈爾濱冬季甚冷，我們在台灣出生的不知何謂「很冷」。我去過哈爾濱四、五次，有一次為攝氏零下二十五度，那真不是人受的，只要站在外二、三分鐘，即想入室內。那年，我沒帶特別禦寒衣褲（台灣沒賣），因為特冷，穿四條褲子（包括睡褲）皆無法抗寒，甚至褲管用橡皮筋綁起來，也不管用。上廁所可大費周章，光穿脫褲得花五至十分鐘，偏偏天氣冷，小便特多，在風景區，不時往廁所衝，這還玩啥？

哈爾濱冰燈

哈爾濱一月、二月之冰雪大世界，冰燈享譽全世界。筆者去過四次，二〇一九年一月長白山之旅，又造訪一次。我目睹許多年輕小孩在接受滑雪訓練，朋友建議我去學學，我說不行，萬一摔一下，全身都骨折，那還了得！

猶記二〇一六年在晶華旁邊ＬＶ店附近，下台階不小心摔跤，右手臂骨折，雖未打石膏，但也折磨了六個多月。幸好我在晶華酒店外摔跤，要在酒店內摔，可能小命都不保。從此而後，我小心翼翼，走路都看地上，無暇欣賞人及風景，好處是偶爾可撿到十元小錢。

天空之城

二〇〇五年五月去參加義大利旅遊，中間有一特殊景點，為天空之城。此地屬於Bagnoregio小鎮，從起點越過一長長走道進入此城。但城內也無多少百姓居住，從起點遠眺，真像一座高立於天空之城。我在下坡行進時，特別放慢，因為我已有輕度的退化性關節炎，走路不宜太快。另外，我已到骨質疏鬆年齡，一不小心滑下去將發生骨折，後面的旅遊全完了。

走路當中，見一老婦，拄著拐杖，踽踽前行，我想她可能亦有退化性關節炎。我不懂義大利文，不然我可立即告知她的診斷。當然在馬路上會診是不用錢的，但她搞不好還對我白眼相看，自作多情。

絕美瘦西湖

有句李白詩「故人西辭黃鶴樓，煙花三月下揚州」。揚州瘦西湖，事實上為人工湖，但美極了！有平亭橋、二十四橋等知名景點，但可惜人太多照相得抓緊時間。下頁左上圖中，有一高興微笑的女孩別以為與我有關，其實他跟我非親非故非友。當我在照後面一裝扮宮女時，他突然亂入我鏡頭，害我跟別人解釋了半天此人為誰？我真是無辜受害者。只能說大陸人口太多，景區照個相都不容易！

沒有末日的二〇一二年

墨西哥猶加敦半島的坎昆為旅遊度假勝地。其中一景點為奇琴伊薩（Chichen Itza），為早期瑪雅民族所興建，仿古埃及金字塔。瑪雅為當地土著，他們認定一年有十八個月（一個月二十天）且提出二〇一二年為世界末日，再後就沒有日月曆，我等了半天，到了二〇一二年世界並未有末日，馬雅人民也並未遷徙，反倒是我有末日之感。一方面，父親二〇一二年十一月過世，而內人亦在二〇一二年十月確診為末期肺腺癌，兩件事對我打擊甚大，有如世界末日之感！

躺在死海上看報紙

約旦與以色列二國以著名死海為界。死海為全世界最鹹的淡水湖泊（約旦河水注入此湖中）。二〇一二年九月亞太風濕病大會在約旦首都安曼舉行，筆者為亞太祕書長，利用開會空檔去享受別人所說的「躺在死海上可看報紙」之樂。

在下海前，先用海邊黑泥土敷臉（除了性格外，可有養顏美容之效）。但剛下海未久，身體即自動漂起。我從小到大都不會游泳，怕水，身體一浮，即手腳亂動，此時面突然朝下，喝水加上鹽分甚高之水刺激口眼鼻，難以呼吸，翻過身（無法踩地）即用中文叫救命，但有兩位台灣醫師沒理會。我又翻面再翻過來，用英文叫 help，此時湖邊有一外國男士，拉我一把，浮上岸邊，但難過無法言語，匆忙中，給了他兩元美金，再鞠躬三次，才悻悻然離去。事後一想，給兩元實太少，周某人之命才值兩元嗎？實

在太小氣了。

年底前（二〇一二），特別把照片整理一下，以賀年卡方式呈現，寄給友人，以英文寫到我曾服役海軍，且官拜上校（Captain），英文為「Captain Chou was almost dead in the Dead sea」，中文譯為「周艦長（周某人上校，可當艦長），幾乎死於死海中。」

透明玻璃橋棧道

在世界各地跑，最容易遇見的大陸人即為溫州人。溫州人天生就是做生意的料，提著一只皮箱（裝滿錢）到處投資（投資房地產），在海外開餐廳、做生意，反正很會賺錢也常常賺到錢。在台北街上，許多小吃店為溫州大餛飩，但此次去溫州並沒有看到溫州大餛飩店面，才知大餛飩非溫州特產。

溫州附近雁蕩山有八大風景區，山清水秀，有多處棧道，其中之一棧道是透明玻璃橋。我有懼高症，不敢走進懸空玻璃橋。幸好此橋一半是透明，一半是不透明，我走在兩者中間，且有朋友扶著我，閉著眼走完了！但橋上風光未見，橋下風光亦不知。

張家界天門山，戶外手扶梯可直達登頂

湖南張家界為名聞中外之旅遊點。國外尤其韓國人特多，大陸對韓國推展觀光有句名言「請你一生必須帶你父母來張家界一遊」。此言號召力甚強，風景區除了當地人、台灣人，就屬韓國人最多。但韓國人通常兇悍無禮，照相時插隊，你無法跟他理論，且他們個頭高大又常喝醉酒，如在山頂打架，小弟會先掉下去，且粉身碎骨、屍骨無存！

張家界風景區甚多，其中之一為天門山，你要爬許多階梯才能登頂（現在已有戶外手扶梯可直達）。我爬天門山之頂振臂歡呼那是十年前之事，現在七十歲，年老力衰不知是否靠兩條無力之腿登頂。天門山頂，有一橢圓形的洞，曾在九十年代有大陸及蘇聯飛行員駕機以側姿穿越山洞成功，真是了得。

桃花紅，李花白

「煙花三月下揚州」，揚州自古為名城，非常有歷史，京杭大運河可抵達此。筆者住的酒店在運河邊，早上起床河邊走走，突遇紅花盛開。筆者為醫生，對人非常了解（尤其是病人、非病人、好人、壞人，因為我是醫師），但對花花草草不甚了解，問一路人此為何花？路人居然說梅花！真是跟我一般，沒常識！後來打聽一下，才知是桃花。小時唸「桃花紅，李花白」，桃花是紅的，沒錯。三月來揚州，就是看紅桃花，看垂楊柳。

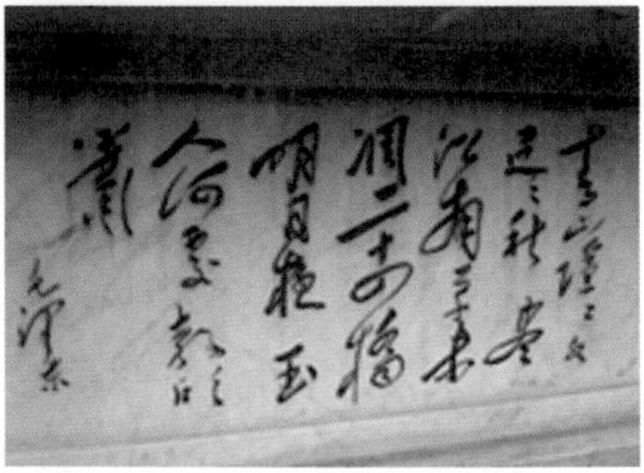

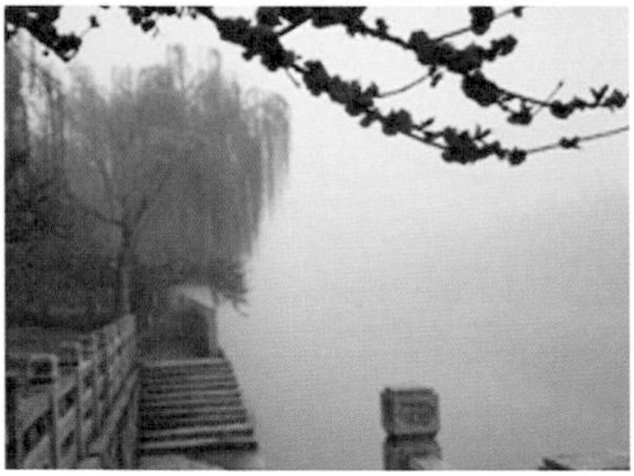

美麗的香格里拉

有一年去昆明開會，會議結束後自己一人飛到雲南中甸一遊。中甸，有何可看？因為一部舊影片《失去的地平線》（Lost Horizon），在此拍攝。片中描述一世外桃源，即所謂的「香格里拉」，就在中甸，燃起我前往的意願。

下飛機後，包了部出租車，請了個當地女導遊，買了瓶氧氣瓶（當地高海拔三千五百公尺），即開始當地三日遊！看到了一望無際大草原，中間有許多犛牛吃草。我走太快，有點喘，需吸些氧氣；但犛牛在原野奔馳，臉不紅，氣不喘，還瞄我一眼，看我這傻小子。花了大把銀子來這，沒事氣喘，臉色發白，真是找罪受！其實犛牛別太得意，因為主人看你不順眼，或主人缺銀子，你就被宰殺！中午，我們有一頓犛牛火鍋，你的身子骨就在火鍋內！

有一首國語老歌《香格里拉》非常好聽。此次，我帶了錄音機，可播放此歌，我就跟著唱起來。唱完後，又接著播放另一首歌，費翔唱的《故鄉的雲》。此歌描述海

外遊子思念故鄉之情。我唱的熱血澎湃，唱完後熱淚盈眶，旁邊當地居民，看到這傻子，沒事在此高歌，還掉眼淚，可能有點精神異常（psycho），還是別太靠近他，走遠點！無論如何，香格里拉真是太美了（歌詞第一句，這美麗的香格里拉……），你真的不可否認！

卡茲尼神廟，寶藏之地

二〇一三年在約旦首都安曼舉行亞太風濕病大會，我內人已生病（肺腺癌），本應在家陪她，但因當時身為亞太祕書長，故不得不前往。會議結束後去佩特拉（Petra）旅遊，此英文Petra一詞源於希臘文「岩石」（petrus）。此處因拍《法櫃奇兵》聞名於世。佩特拉古城，名列為新世界七大奇景之一，其中寶藏、祕藏和修道院，建築於公元前一世紀到二世紀。公元前中葉起，成為阿拉伯部落納巴泰（Nebotaeans）的首都，直到公元七世紀的拜占庭時代末期才遭遺棄。

從入口處前進，可見到一世紀走道的Obelish tomb墳墓，之後走入蛇道一．五公里，蛇道終點為卡茲尼神廟（認為它是皇家墓穴或神廟，也有一說為寶藏之地），走了大約兩個小時，實在太累，回程導遊安排騎驢子。驢子，通常不聽話，我如果騎公驢，正常的往前走，但某處有一母驢亂叫，此公驢即失去耐性，像發瘋似的往母驢衝去，不管坐在驢上的客人死活。我因有此預感，故寫了一首英文藏頭詩給我這隻驢子。

我用英文尊稱之「Dear Donkey」，請你慢慢走，我們是一家人，請不要讓我摔下來，因為我已邁入骨鬆，且有高風險骨折之老人。拜託！拜託！說了也白說，牠還是隻驢想跑就跑，幸好驢主人在旁邊導引（因為我是本團ＶＩＰ），才讓我度過難關。善哉，善哉！

西湖，南屏晚鐘

西湖，從小就聽一首老歌《西湖春》歌頌著西湖之美：垂柳、小舟、小橋、湖島。其實西湖有古代二位文學大師，曾在此待過，一位為蘇東坡（有一蘇堤紀念他），一位為白居易（白堤）。蘇白二位為西湖寫了多首詩，更使西湖名揚中外。

我去西湖有七、八次，第一次跟父親及大妹去，在柳樹邊喝喝茶、聊聊天，蠻愜意的。一次跟內人及兒女去。我們搭了白牌車（沒有正式營業執照之出租車），上車十元，去風景區買西湖龍井，花了五、六百元。我們環湖走了一圈約三、四個小時。有一首歌為《南屏晚鐘》，它為西湖其中一景。因南屏山旁有一座廟，晚上敲鐘，故名南屏晚鐘。「我匆匆地走入森林中……南屏晚鐘，隨風飄送……」。但此鐘並非原始之鐘。因為對日抗戰時，日本人將此鐘搶走了，也拿不回來了，乾脆換個「鐘」。至於日本人藏到何處？此涉及國家機密，不得而知！西湖太美了，太有文化了，值得經常造訪，慢慢體驗。

風吹草動現牛羊

祁連山上好風光。夏日造訪，高山上仍有餘雪，羊兒仍在吃草。古詞「風吹草低見牛羊」，中國字博大精深，風吹草動後，可見牛羊。但此處用「現」比「見」更傳神，因為風吹草動後，牛羊可顯現出來。

在絲路旅遊中，羊群正準備回家，在馬路當中，大搖大擺，何時待宰，羊兒不知？只能過一天算一天。我在車內站起來為羊群拍照，坐下時不慎將長褲刮破，開高叉！無法見人，善良的羊兒又惹禍了！晚上不得已去敦煌夜市買條長褲。照個相，也能將長褲子開高叉，還好是小妹陪我遊絲路，如果內人，可能我晚上不得安寧，即使不跪算盤，但耳朵可能無法清淨！

哈爾濱，假楓葉

哈爾濱冬季有兩種引人入勝之景，一為冰燈，一為雪雕（類似日本札幌）。此景在雪雕附近取景，太美了，尤其樹上紅色楓葉；然近看為假樹、假楓葉（通常九月十月楓葉變紅）。不過裝飾一下也無妨！特別周某人對楓葉有好感。其實現在「假」的東西太多了，有假新聞、假鈔票、假手鐲、假人等，何者為真？就看你個人見識及功力了！

約旦瓦地倫沙漠，看似心驚膽跳的懸崖

二〇一九年一月去約旦、以色列一遊。在約旦瓦地倫沙漠中有一沙丘高地，筆者膽大在此懸崖邊一照，望之，令人心驚膽跳。其實，此為攝影角度偏差所致，我往下跳到沙丘上，約一～二公尺。告訴你個祕密，我有懼高症，像美國大峽谷透明玻璃，我絕不敢踏上半步，別人牽我，閉著眼我都不敢！別人在大峽谷邊緣照相，他還擺姿勢微笑，但我是旁人，卻嚇得一身冷汗，接近休克！

鳥翼飛來一線開之雲台山紅石峽

在河南有一座雲台山，古稱覆釜山，位於焦作市，修武縣境內。因山脈高峻，山間常年雲霧繚繞，故名雲台山，被聯合國教科文組織列入首批世界地質公園。在中國歷史有關雲台山之紀錄：包括雲台山曾有商湯滅夏軍的過程中，在雲台山留下了三處營地；張良曾隱居雲台山；漢獻帝葬於雲台山；竹林七賢曾躲避於雲台山！以及王維十七歲創造那一首詩（當時王維在河南）即在此，詩全文為「獨在異鄉為異客，每逢佳節倍思親，遙知兄弟登高處，遍插茱萸少一人」。雲台山山頂，長滿茱萸（此為一種香草，古時重陽節人們插戴茱萸，據說可避邪），此為憶山東兄弟所作！有一峰即名為茱萸峰。當地旅遊局稱，王維的這首詩《九月九日憶山東兄弟》就出自該峰。

其實此山最著名為紅石峽，全長一千五百公尺，景

區集秀、雅、雄、險於一身，泉、瀑、溪、潭於一谷，像一個大盆景。明代徐以貞曾寫道「何年鬼斧劈層崖，鳥翼飛來一線開，斜陽在山歸意懶，不堪回首重徘徊」。在山上曾找到一賓館（三星級），但它的飯店卻是一級飯店（自己封自己），且英文字**First Class Rest Aurant**，後面二字須合在一起，不然老外以為休息區，而非**Restaurant**飯店。

滿城盡帶黃金甲，重慶武隆的天生三橋

有一年去重慶開會，四川重慶有一著名石刻為大足石刻，是唐末宋初時期摩崖石刻，以佛教題材為主，其中以寶頂山與北山摩崖造像最為著名。除此石刻外，重慶武隆的天生三橋是張藝謀導演，由周潤發、周杰倫、鞏俐主演《滿城盡帶黃金甲》之主要拍攝地。另外《變形金剛》第四集亦在武隆拍攝。電影中，《變形金剛》和機器龍大戰就在這個山谷。其實我不喜歡《變形金剛》電影，因為這類電影只是窮打猛打，也搞不清楚誰輸誰贏！天福官驛（其實就是古時候驛站），就是拍周杰倫電影所在地。其中有一山洞，像一線天，光線進來，在小池塘內形成一倒影，煞是好看！

天福官驿
《满城尽带黄金甲》唯一外景拍摄地

為何叫三七花，而不是四六花

麗江風景奇佳，處處是景，大山、大水、湖泊。當然旅途中免不了要進採購站，有時需買些當地小禮品，有時店內賣中藥。筆者曾在中國醫藥大學附設醫院服務七年，略知中藥，但中藥在臨床上有多少功效？則不得而知。因為大部分沒有經過西藥第一、二、三期試驗，但功效則洋洋灑灑一大堆。如三七花，性甘味涼，具有清熱、平肝、降壓之功效，適用於頭昏、目眩、耳鳴、高血壓藥之患者，另外也可用來泡茶、炒肉、煲湯，在助眠方面亦有一定功效。我早有高血壓，偶爾頭昏、失眠，看樣子非得吃吃三七花不可，但為何叫三七花，而不是四六花，那就不得而知了。

另外有一舖上賣黑螞蟻，我著實嚇了一跳，

黑螞蟻也可吃？據中藥報導，黑螞蟻性味甘平、無毒，有酸鹹感，是一種溫和滋補佳品，具有扶正固本、延年益壽、補腎壯陽、養血安神、強壯筋骨、祛風濕、養顏、護肝、生髮黑髮、提高免疫力、抗疲勞、增強性功能、助睡眠等作用，可當作藥用，也可做食品用。我看完其多種療效，發現許多我需加強部分，如多活幾年、改良腎虧、白髮變黑髮、增強性功能、抗疲勞、改善腰痠背痛。尤其我為著名風濕免疫科專家，先買些試試看，如真有其療效，再推薦本科病人購買。但買回家準備試一試時，一看到一團噁心的黑螞蟻，食不下嚥，最後全丟了。此為筆者到現在身體一直衰敗的原因之一。

輯二　休閒娛樂

退休後，閒來無事，
開始與友人養養鳥、養養魚、爬爬山。
但沒有養動物的命！
還是把自己養好最重要！

莫忘世上苦人多

廈門離台灣甚近，又講閩南話，吃的飲食貼近。有幾次去廈門，順便搭船從廈門去鼓浪嶼，乘船約二十分鐘。此地素有海上花園、鋼琴之島、音樂之鄉美譽，島上遍布各國之建築，包括哥德式建築、羅馬式噴泉。

我走了一小時，碰到一位來自山東的電子琴演奏家，彈奏非常多國語及英語老歌及當地著名的《鼓浪嶼情歌》。然彈了半天，圍觀或路過群眾，沒人肯付人民幣十元買他一張CD。此時我出場了，我先點歌，尤其是台灣國語老歌，如《月亮代表我的心》、《綠島小夜曲》等。他彈琴，我高聲唱，吸引眾人目光，唱完後買了他五卷CD。而因歌好人好，許多人亦加入我購買行列。一下子銷售三、四十卷CD，他對我感激不已。其實能幫助弱勢者，一直是我念記在心的，「莫忘世上苦人多」！

搭乘郵輪去日本

二〇一四年五月與大妹、二妹、二妹夫及海青中學同學搭乘郵輪去日本來回七天。船從基隆港出發，中途停靠別府、神戶、長崎，其它時間都在船上。內人於二〇一四年二月過世，我出來走走散散心。

此郵輪主要為台灣客，少數為日本客。船內有各種活動，主要傾向迎合亞洲人節目，其中包括長笛演奏家及她的band（包括電子琴及胡琴）。我覺得他們的演奏歌曲，頗合我胃口，我常去聽且常去點歌，如日本歌：《陪你看日出》。久了之後又被邀請上台表演，當然無酬勞，有時可跳跳舞，總之，悠閒自在（適合老年人），且咖啡點心布丁、蛋捲冰淇淋（我的最愛），隨時可取，免費。一天走來走去，吃了真多，難怪下船體重增加了三公斤。

臉上貼金，罩住麻子

在郵輪日本之旅中，閒來沒事，搓搓麻將，初中海青同學帶來一付ＬＶ麻將。從小到大第一次用高檔名牌麻將作戰，但只打台幣十元（十元一底），真是吝嗇加小氣，而別人都打一千、五百元一底。麻將打了八圈，同學過來，我問他在何處購買此ＬＶ麻將？他竟說此為假ＬＶ麻將，真是讓我為之一驚！居然ＬＶ麻將也作假，害我自認風光了半天，結果是「臉上貼金，罩住麻子」。

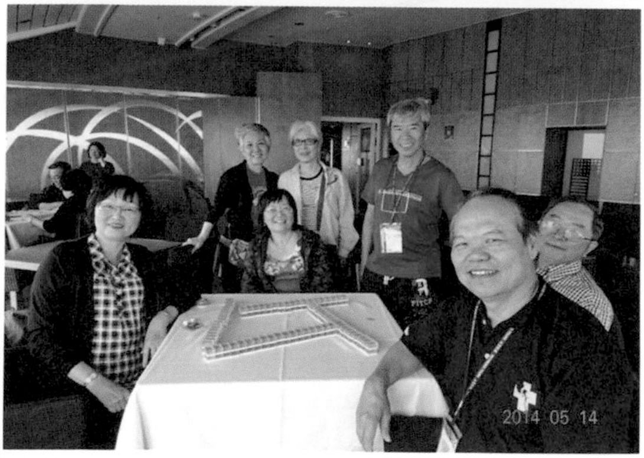

「命運」大部分是掌握在自己手中

寧夏影城鎮堡清城內有一戶人家叫牛府，不知他家原本姓牛或他家養了很多牛？中國人姓馬、姓牛皆有（台灣有馬英九，牛伯伯……等），但似乎無人姓「豬」，但有人姓朱，如朱立倫等。豬肉好吃，但豬可能不討人喜歡，尤其現在「反萊豬」時代。

逛街，遇到一算命的攤位，名為「李半仙」。他很客氣，不敢稱自己「李仙人」或「李神仙」，僅稱自己是半仙，算命可能有一半是錯誤的。台灣現在許多中年女性，可能因婚姻、工作不愉快，常尋求「李半仙」這些算命的。通常先建議改名，改了兩次名，仍命運不佳，再改，就得連姓一起改。所謂「改運」其實是一種心理慰藉，如果都能變好，那大家也不必努力，也不必去廟內燒香拜佛！故「命運」大部分是掌握在自己手中！要訴苦，可找醫師。我曾被一位病患封為「周神醫」，你可來找我，因為「周神醫」比「李半仙」一應高明太多。

把握有限時間，做些有意義事

周某，民國三十八年（一九四九年）十月七日出生，陰曆為八月十六日（中秋節第二天，甚好記）。從前年輕時，母親都在中秋節第二天為我過生日，但事實上，一般人替我過生日皆為十月七日。所以可能我會過至少兩個生日（十月七日陽曆、八月十六日陰曆）。到了六十九歲時（本省人過虛歲），我就開始過七十歲生日，到了真正七十歲，我過了七、八次生日，不同人為我慶生（又過陽曆，又過陰曆），過生日過得不亦樂乎！到了七十一歲（二〇二〇年，我還想回頭過七十歲生日）。因為人生到了七十歲，也是一關口，離大限日子不知還有多久？真不想離開七十歲生日，人如果能活七百歲，該有多好？

照片為去年我們出國旅遊時，領隊為當月過生日團員所舉辦的慶生會。上去三個人，我最老，這個月（十月）已切過五次蛋糕，怎麼今天又再切蛋糕？人一生如活一百歲，也不過可活三萬六千五百天，一天走了，人就少了一天。趕緊把握有限時間，做些有意義事，別一天到晚只會切蛋糕！

把自己養好最重要

退休後，閒來無事，開始與友人養養鳥、養養魚、爬爬山。養了隻三歲金剛鸚鵡，威風八面，一般可活八十歲。但因常出國（一個月出國一到二次），只得將鸚鵡寄給他人。但鸚鵡非常認主人，比狗還黏人，牠因主人常不在，心情不佳得憂鬱症，不吃不喝幾個月即掛掉！養了一堆魚，出國七、八天回來，一堆魚也走了！真沒有養動物的命！還是把自己養好最重要。

好吧！開始爬爬山，但有懼高症，碰到陡坡無手扶的山，只得採取狗爬式方式上山，爬了半天以為爬了一千公尺，一看才走了一百公尺，好吧，在山頂柱子邊照了一張相，表示自己也上山了。

令人目瞪口呆的夜市小吃

河南開封清明上河園，仿宋建築，武大郎原賣燒餅，現在不賣了，改行賣年糕。我最愛的芝麻燒餅沒了，只有芝麻落滿地，大失所望。路上，一對老夫老妻共乘小三輪車，恩愛一生。

北京王府井大街，晚上熱鬧異常，北京夜市，更是萬頭攢動，各種小吃，族繁不及備載。有糖炒栗子、炸臭豆腐、各種飲料、爆肚、炸醬麵、牛肉麵、油炸糕，油炸冰淇淋（這是如何吃？）及各種肉串：羊肉、牛肉。

居然有一小吃，讓洋人看得目瞪口呆，那就是成群蠍子串在一串，如不烤，尚未氣絕前，在串子上舞動人生，能吃嗎？真是世界奇觀，全世界獨一無二。

烤生蚝

浴室高歌，自我陶醉，不用花錢

大陸改革開放後，經濟起飛，人民富裕。早期沒錢，晚上很早即漆黑一片。現在有錢，街上半夜仍燈火通明，合肥鬧區亦不例外。我在逛街時，居然看到台灣錢櫃KTV。

錢櫃KTV是「賺錢入櫃」堆出來的KTV。有錢的人，去錢櫃飲酒唱歌，圖個高興；心情不好的也去錢櫃，為了解悶；過生日的，朋友相聚的，都去錢櫃，難怪錢櫃賺飽飽的！現在錢櫃大老闆為練台生，掌握媒體，觀風向，有錢也不會回饋社會。最近台灣錢櫃大火，死了六人，也不出來道歉。我一直以來都愛唱歌，現在錢櫃哪敢去？目前每日洗澡時，在浴室間，高歌數曲，自我陶醉，不用花錢，但是沒有觀眾！也不敢有觀眾，因為小弟是裸體的！

從開羅搭夜車到亞斯文，難忘的火車之旅

從開羅搭夜車到亞斯文是一趟難忘之旅。開羅貴為埃及國家首都，但車站亂得像菜市場，且火車上沒有淋浴間，所以先得到飯店洗澡。我們去的飯店雖為三星級，但浴室水無法通暢，洗個淋浴，下半身泡在髒水內，不說也罷。向旅館工作人員抱怨，說了也白說！

火車上我與妹妹、妹婿四人一間，因為從開羅去亞斯文八百多公里，需時十二至十四小時，長夜漫漫。妹婿提議打麻將，四個人在狹小空間，用行李箱及垃圾桶當桌子及椅子，身體坐直不能打彎，硬是打了六小時。結束後，腰痠背痛，而我前面一路輸，好不容易要自摸清一色，火車突然煞車，麻將全部摔落地上，完了，一副好牌輸輸去。好不容易去上廁所（火

車廁所中間有個洞，尿尿都落在鐵軌上，像三十年前台灣火車），一個煞車，尿像噴水器全灑到身上、臉上、腿上！真是難忘的火車之旅。

第三天我們搭帆船，做尼羅河歷史文化之旅，共四天三夜。在船上，當地工作人員即開始唱歌跳舞，最後再賣當地小禮品，不買都不好意思，唱歌跳舞沒收費，總得給點小費。帆船停在一沙漠邊，我們一行人去一村莊採訪，他們抽傳統的菸，我認為比一般抽菸好，因為此菸有過濾器，可將尼古丁去除。

十年河東，十年河西

前次去斯洛伐尼亞旅遊，在一處景點下車時，突聽人行道有兩個當地人演奏《綠島小夜曲》，感動異常，奏完後，趕緊給小費。接著，他們兩位居然演奏《中華民國國歌》，我當時立正站好，合著音一塊唱，什麼時候在國外旅遊，能聽到國歌演奏，此次小費加碼。

歐洲許多國家現在日益貧窮，而台灣，算是經濟發達國家。從前華人、亞洲人靠歐美人接濟幫助，現倒過來，我們有能力幫助他們，真是「十年河東，十年河西」。

淡水河邊賞夕陽

淡水小鎮雖小，但五臟俱全。你可在夕陽西下時，坐捷運到淡水，去海邊小屋喝茶，順便在門口小坐，欣賞路人，也被路人欣賞。尤其筆者躺著時，挺著非常雄偉壯觀的大腹部，引人注目（下次照相時，需調好姿勢，免得大腹便便，一副要生產的模樣，且破壞自然美景）。同時口中哼著非常好聽的台語歌《淡水暮色》，此為洪一峯（洪榮宏父親）之成名曲。我的國語歌一極棒，但台語歌不及格，因為唱時發音不準、五音不全，別人以為我在念書，喃喃自語。

「清境」農場，非「清靜」之地

二〇一五年曾去台中縣清境農場一遊，原先聽到名字「清境」應該是非常清幽安靜之地。誰知一去，停車場卻已客滿，還到處找停車位，人多車多，哪裡「清靜」？到清境一山丘之處，綿羊已在山坡上吃草，怡然自得，我也慢慢欣賞風景。哪知綿羊秀一開始，各路人馬群聚，更知此處非「清靜」之地。

綿羊秀主持人為一澳洲人，娶了台灣女孩，從此落居台灣。他有一場剪羊毛之秀，精采絕倫，三兩下羊毛就從羊身上移除，乾淨俐落，身手不凡。我猶記一九八四年去澳洲開會，順道參訪農家，他們的剪羊毛秀，邀請醫生老爺上去試剪，我也上台了，剪完後，整隻羊不成「羊形」，實在不是做「外科醫師」的料。

女孩騎（壓）小馬

看完了羊毛秀，另一場為馬術秀，是由蒙古族一個團隊來此表演。二〇一五年仍為馬英九執政，兩岸關係緊密，各種交流活動頻繁，所以才有蒙古馬術團表演。大家皆知，從成吉思汗以來，蒙古以騎馬作戰聞名，在歷史上，中國一直被列強欺辱，只有成吉思汗，從蒙古打到中亞，再到歐洲，一路攻占各國，靠的是戰馬、體力及毅力之結合。

此表演要門票。團隊內有一母親帶著三歲女兒前來，此女孩甚可愛，臉圓而大（蒙古人為大臉，四方臉），與她相比，我的臉算「小」的呢！她牽著一匹小馬，偶爾騎一下，希望別把馬壓垮了！

只會看電影

在蘇州，有次與兒晚餐後，去大光明影城看電影。筆者全家皆愛看電影，為何愛看電影？除了現在電影有看頭外，最重要的是筆者年輕、中年時皆以醫療工作，寫文章、教學為主，大部分時間給了醫院、病人，故許多國外醫生喜愛之休閒活動，我都不會。我不會游泳、騎馬、潛泳、開遊艇、開飛機，只會靜態的看電影。

以前常被內人奚落，你啥事都不會，只會看電影。如果夫妻常吵架，宜多看電影，因為電影約兩小時，至少這兩小時你們不會吵架。你說我講的是否有道理？此影城，標榜為「大光明」但事實上並不光明，因為不知何故？整場電影都是黑黑的，好像全部都在深夜中拍的電影。走出影院，看到「大光明」影城之招牌，我不禁莞爾。

採橘東籬下

江心嶼，位於溫州市區北面的甌江中，是一個東西寬、南北窄的江中島嶼，夜間非常美，夕陽西下亦別有一番風味。在島上碰見一對情侶拍婚紗照，此時最是甜蜜，然結婚後，能恩愛一生不多。夫妻要維持長久，需互相妥協，一個硬，一個必須軟，否則硬碰硬遲早要勞燕分飛！

此次溫州行，我請了一個別人推薦的計程車司機，他老家為安徽，與我同鄉，特別照顧他一下。某日去溫州景區雁蕩山遊玩後返程，突見一橘子園，可當場採收。我平常愛吃的水果為橘子，故二話不說進入橘園。三個人不一會兒工夫，採了三箱橘子，也一口氣吃了五、六個橘子（當場吃不要錢）。我在停留數天中，吃了一箱，一箱送給安徽老鄉，一箱送給朋友。吃橘，想了一首詩，「採橘東籬下，悠然見南山」。南山我沒見到，我見到的是雁蕩山。

優勝美地美景

女兒目前住墨西哥，一年去探女兒一次，通常經由ＬＡ或舊金山。舊金山，是我第一次入美國的第一站，當時唱著《到舊金山別忘記頭上戴朵花》那首歌。這是第三次拜訪舊金山，跟朋友去優勝美地遊玩，此處有山、有水覺得尚可，但沒讓我印象深刻。到ＬＡ去環球影城，看到小小兵，讓我想到前兩年，有部小小兵電影在放映，我當日因不知何故，突發奇想去看此部兒童片。因正值上班時間，電影院內僅我一人，看小小兵亂打亂鬧，看到一半即離場。走時，還囑咐門口小姐，電影可以停掉，因為沒人在看。

演唱會票如何買

多年前去ＬＡ，特別造訪 Las Vagus，住了兩晚，看了二場秀，其中一場為我夢寐以求 Céline Dion 秀。大家對她印象深刻的一首歌，為電影主題曲《My heart will go on》，描述船難之悲歡離合情境。她後來來台轟動一時，在小巨蛋兩場票早已售完，買不到票是嗎？此處告訴大家一個祕密，通常開演前半小時，你可到現場晃晃，然後眼睛四處亂看，會有黃牛來找你。因為快開演，他們票賣不出去會虧本，通常是高價票（超過四千元）會以原價賣出。真是不虧本，還省得跟人家在網路上搞「秒殺」之行為，當然口袋得有點錢。

輯三 廣告招牌

中外都有奇怪的廣告招牌，
若要中英文對照，
應該請「說文解字」高深中文學者，
又要精通英文者，
才能真正瞭解中英文語意！

海瀾之家（HLA），人類淋巴球表面抗原

老北京、老上海、老周等，中國人喜歡在名詞前面加個「老」字，因為老代表著有智慧、有經驗、老而彌堅。北京王府井大街上有一老布鞋店，門前特別坐個老頭，強調老的重要性，事實上買布鞋並非老人，而多為年輕人。筆者在醫院工作，門診上班時間，都打領帶、穿皮鞋（歐美醫師大都如此）。而現在年輕人，包括醫師，上班有時穿T恤、穿球鞋，其實不妥。但現在要約束年輕人已不易，他們如果不喜歡你，連帶他也不喜歡你的科；如果科內需要儲備人選，他們就不來，有時候集體不來。

路過一家服飾店，中文名為海瀾之家，而英文名字為HLA，這我有興趣了，因為在醫療領域中HLA全名為Human Lymphocyte Antigen（人類淋巴球表面抗原），此HLA測試可用於親子鑑定，移植配對及各種不同風濕免疫病之發生機轉與疾病發生是否有關。日本有一家航空公司叫ANA，而ANA在本科全名Antinuclear Antibody，中文稱抗核抗體，是免疫科一種重要檢查，抗體升高與許多自體免疫疾病有關，如紅斑性狼瘡。

缸鴨狗

現在冠狀病毒肆虐全球，除了戴口罩，就是勤洗手。而上海有一招牌，勤洗手英文翻成 wash hands usually。usually 中文翻譯成「通常」。此即可常洗，但可不洗。在如廁後，用英文字 please wash your hands after toilet，外國人可能較易了解。

二〇一六年去寧波時，有一知名老字號飯店「缸鴨狗」，一看以為飯店供應鴨及狗肉，其實飯店內有鴨，但不供應狗，為何如此命名不知？當天老闆不在家，店員一問三不知，但因特殊命名，反而將此店名牢記在心，沒齒難忘。

在溫州雁蕩山某處爬山時，突遇一招牌字寫著狐假虎威，而英文只譯 Fox & Tiger。然「假」及「威」可能不知如何翻譯？但為何用這四個字納悶不已。本人一生最怕的動物一為狐狸（會騙），一為老虎（會吃人），但此處沒狐也沒虎，不知意義何在？

「沒有飯店」，到底是「有」或「沒有」？

現代社會各種招牌廣告，琳瑯滿目。一次在廣西桂林旅遊，有「人」的活招牌，將自己比成笨蛋、人渣、無賴，還怡然自得。

逛街累了，想吃個小飯館，好不容易見一招牌「沒有飯店」，我納悶了半天，到底飯店是「有」或「沒有」？再仔細看，飯店名稱就是「沒有飯店」，還取了個英文名稱 Melyou café，到底飯店是吃飯還是喝咖啡？也不知。就因這塊招牌名字，讓我折磨了半個時辰，最後仍決定不去了，因為它是「沒有飯店」。不過因為名字取的好，到今日，我還沒忘記！

看皮膚到軍大

寧夏旅遊中，最後一天去銀川。鐘鼓樓位於一公園內，亭臺、小橋、垂柳，是江南才有的風光，怎會出現在塞外之地，此美景讓寧夏有「塞上江南」之稱。然公園內有一招牌「看皮膚到軍大」，似乎破壞了美景。周某為過敏免疫風濕科醫師，過敏症如異位性皮膚炎、蕁麻疹等，我們也在看。此地是否皮膚病患特多，還是患者求助無門，而軍大（軍醫大學）是否以皮膚科出名？或皮膚科生意太差，非得靠廣告才有生意！

台灣此次疫情，君不見每家電視台都利用此時，大作醫療廣告，跟南部地下電台可相比。說到這些藥品，個人觀察大部分是無效的，然政府並不介入，反倒是某某抗疫用的水神卻介入且罰錢，真是沒公平正義可言！

我型我秀，My Style and My Show

在各國旅遊中，有時發現部分有趣的招牌或廣告，如一、Boring Oregon City很無聊的奧勒岡城（美國）；二、Don't pass urine（不要隨地解小便），violatoo would be punished應改為Violation will be punished（違反者將處分）；三、抗菌賓館Resist Bacteria Hotel，此抗菌賓館是否完全無菌或住入賓館後免疫力增強可抵抗病菌？當然此賓館在Covid-19流行時，可當作防疫旅館。四、我型我秀（My Style and My Show），中文不好也認了，那些英文，真不知老外作何感想？

愛情三部曲，植物也瘋狂

在廣東，肇慶有「小桂林」之稱。旅遊時，見到一尋常百姓家房子上之標語「毛主席萬歲」，好久未在大陸看到上述標語，可能是紅衛兵時代遺留下來的。我見到後，下車立刻立正站好，因為毛澤東與蔣介石國共內戰時，蔣雖擁有百萬以上大軍，且部分是美式裝備，但居然被毛澤東打敗。毛澤東有十大元帥包括賀龍、朱德、彭德懷、林彪、劉伯承、葉劍英、徐向前、陳毅、聶榮臻、羅榮桓，個個驍勇善戰，尤其又有文人周恩來總理獻計策（如同古時張良）運籌帷幄，決戰千里。蔣介石雖有大軍，但最後仍不敵毛澤東，兵敗如山倒；尤其最後之「淮海戰役」失敗，使得大陸美好江山淪落於毛澤東之手。

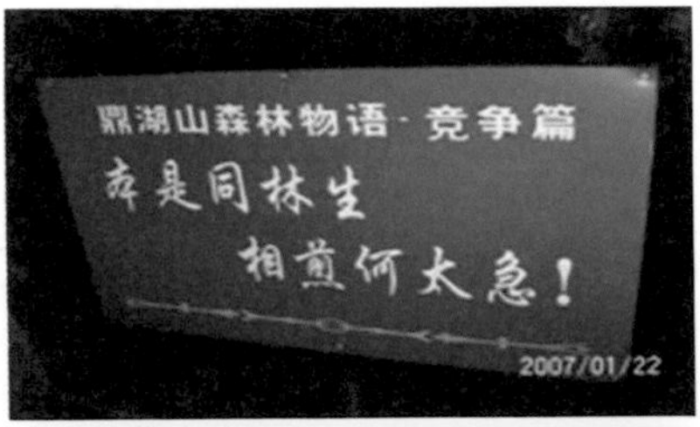

蔣退居台灣，建設台灣，整兵練武，期待重返收回大陸。小時候我們唱的反共愛國歌曲《反攻、反攻大陸去》、《家在山那邊》，至今還能哼唱兩句。大陸雖被奪走，但老毛至後來的鄧小平改革開放，大陸目前已是泱泱大國。一場國共內戰，各自有不同結果。

到肇慶附近一森林公園爬爬山，路上有些標語「愛情三部曲，植物也瘋狂」、「本是同根生，相煎何太急」，看了半天，只嘆自己文學不佳，無法領會個中意義！

採藥老人

湖南張家界，以前湘西土匪所在地，也是賀龍元帥老家。此地因生活困苦，民風彪悍，日本人曾打湖南，但打到湘西，卻無法攻入。去一個，死一個。在此地，居然有賣土匪香菸。父親抽菸，但我不抽，本想給父親買一包土匪菸，但怕老父抽完後變成土匪，即放棄了。

攤販還賣葛根粉（台灣一般賣涼粉或仙草）。中藥葛根湯除葛根外，尚有麻黃、大棗、桂枝、芍藥、甘草、生薑，可用來治療感冒、鼻塞、頭痛、手肩病。但葛根粉是葛根用水沖泡加一點白糖、黑糖、柚子皮，酸酸甜甜的飲品。中藥我研究數年（當時在中國附醫待了七年），中藥通常適應症非常多，但都作用不佳，如果重症，建議以西醫為主。

張家界有十里畫廊景區，有一山上石柱，類似採藥老人，中文以外，還加一句英文 Old Man Gathering Herbs，此用字 gathering，在中文較多使用於聚在一起（如父母兄弟），用 get 或 take herb 都比 gathering 為佳。我覺得老外的英文，需要英文專家去翻譯，翻不正確，老外真得費腦筋，去猜此句之涵意！

张家界特产
野生
葛根粉

拗花巷，老實巷

大陸各省有不同地名，不同之廣告文化。有次造訪寧波，見一廣告「第十屆寧波國際服裝節」，方知寧波為長江三角洲南翼經濟中心和國家歷史文化名城。寧波，簡稱甬，建城於西元七百三十八年，寧波因為鄰海，擁有長期的經商傳統。寧波商幫是全國最有名的商幫，寧波海港貨物吐量曾為世界第一。其實早期上海有名之理髮師及裁縫師都是從寧波過去的，故絕對有資格主辦國際服裝節。

在市區閒逛時，發現一巷名為「拗花巷」，從小到大對「拗」字所認知「拗」，古書有二音，一發音為ㄠˇ是「折」的意思，一發音為ㄩˋ是「抑制」之意思。此巷名「拗花巷」可能是抑制入花叢（花街花巷），也許以前是類似台灣林森

北路花街柳巷。下面招牌「新東方女子醫院」，正好配合此巷，如得了性病或女人病，趕緊帶錢來（因為自費），好好醫治。此巷與醫院配合得天衣無縫！

另一巷更有意思，名為「老實巷」，我納悶了許久，到底此巷以前住的居民都是很（老實）的人？或走過此巷，可改變你（從不老實變老實），無解？但下面招牌嘉和整形醫院就不老實了！因為進去不管隆鼻、割雙眼皮、隆乳、瘦身或瘦腰、去脂、男變女、女變男，收費就不客氣、不老實了，大筆銀子非得花下去不可。此「老實巷」與整形醫院就無法配合！

小心碰頭

在丹麥哥本哈根有一市民廣場，豎立許多有趣之招牌，譬如說：一、小心碰頭 Take care of your head，英文應為 Watch your head or Mind your head；二、Fishing for children only limit 3，中文譯為小孩釣魚僅剩三位可參加，如果一家人來三個正好，如果四個，對不起有一位不能參加。三、Do not feed elephants.It cause management problem. 中文譯為不要餵食大象，此可造成管理上困難。我不懂餵食與管理（management）有何相關？應該是健康問題，故需寫為 it causes health problem；四、Lost（迷失），路標應指示為何路線或何方，如我不知道要去哪，想看一下路標，結果路標上寫 Lost，那我真迷失了，不知去向何方？

斷片的《捉妖記》

在廣州開會，有一晚去看一場電影，是大陸火紅之《捉妖記》。不知是電影拷貝問題？還是放映機有問題？一場電影兩小時，竟斷片超過十多次。剛開始大家忍耐，最後受不了，大媽開始罵人。影城服務生趕緊找經理出來安撫道歉，幾位大媽仍怒氣難消，要求退票（其實電影已演完）或退錢！討論結果，看此場電影的人，可另外加看別場電影。因前面人太多亂哄哄，我索性走人（其實我可再加看一場）！大媽終於賺到了！真是印證了古語「會吵的小孩有糖吃」！因為斷片十多次，思維完全被打亂，到底捉妖記捉哪個妖？到電影院出口，已完全忘記！

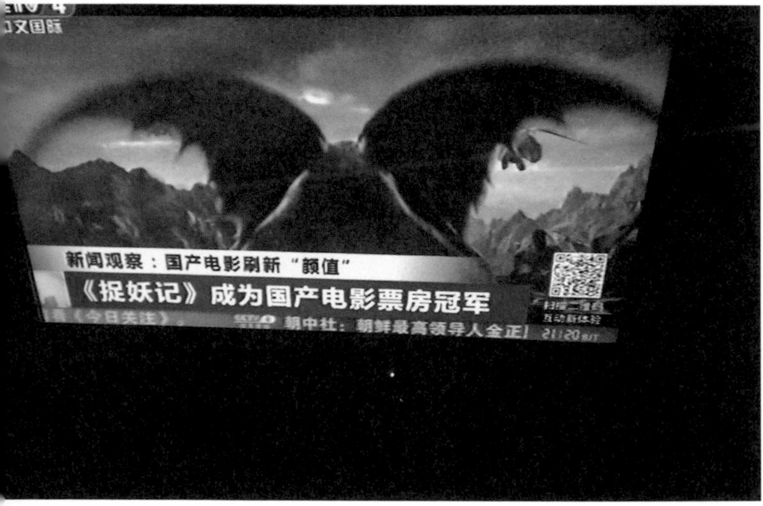
中文国际
新闻观察：国产电影刷新“颜值”
《捉妖记》成为国产电影票房冠军
朝中社：朝鲜最高领导人金正

不要為你的美麗傷了我

希望小草不要任人踐踏，尤其在照相時，招牌「不要為你的美麗傷了我」，事實上可直接寫成「請勿踐踏草地」。還故意加一句英文 Don't hurt me for your pretty 真是可笑！數年前旅遊在廣州街上，一母親替姊弟兩人照相，不知道兩人是不高興，還是故意，兩人保持遠的社交距離（至少大於一．五公尺），符合現代新冠病毒疫情時代所標榜的社交距離。

大陸許多公園，平日有一些中國傳統之樂團，如廣州有粵戲團、紹興有紹興劇團、北京有京戲團的表演。他們平日在公園說說唱唱，自娛娛人，也間接保存了當地戲劇文化。在廣州一公園內，你看大媽又唱又跳，多陶醉呀！

禁止戲水

在大陸旅遊，曾在一湖邊看到一招牌，上寫禁止戲水。英文可寫 Dangerous（危險）或 No swimming（禁止游泳）。中國古代文字優雅，戲水，英文很難翻，用 playing in the water 不是很恰當，用 No playing in the water 更是無法理解，應該請「說文解字」高深的中文學者，又要精通英文者，才能真正瞭解中英文語意！

水深危險，禁止游泳

在雁蕩山下山途中，有一雁湖，為了保存水質及注意安全，湖邊有一招牌寫著「水深危險，禁止游泳」，下面加句英文表示有學問 Beware of Deep.No swimming。水深危險，為何英文翻成 Beware of Deep，water（水）不見，Deep 又用大寫 D，應改成 deep water（水深）或 No swimming（禁止游泳）。牌子明明寫著禁止游泳，但在湖中，照樣有人游泳，警告牌子不知為誰寫？

喜事喜事，喜中有事，新生新人，新上加新

在河南雲台山紅石峽，有非常多景點，有非常多有趣路標，尤其英文翻譯，讓人看不懂，不看還好，越看越不明白。情人瀑 Sweetheart waterfall，應寫成 Lover waterfall，下一句「倡導文明風尚」（英文翻譯不對，錯字百出）。壽桃石 The big peach-like stone 應改為 Birthday peach stone；有關千堆雪，它又用直譯 Qian Dui Xhe；果皮瓜殼 Fruit skins，skin 一般用在人身上，「果皮」英文翻成 peel。

路過一結婚人家，門口貼春聯「喜事喜事，喜中有事，新生新人，新上加新」。喜事，一定是喜事沒問題，至於新婚夫妻，真是新生或新人那就不得而知？尤其在城市中之男女。路過一衣服店，以為賣美國知名品牌 Nike（✔）店，結果仔細一看打勾上面多打了一點，立刻明白此為山寨版 Nike 店。美國人打官司不一定勝，因為 Logo 與您的✔不同。

輯四　宗教家庭社會

走遍世界各地，
各有各的宗教、社會習俗，
或許不能認同，
但是站在別人的地盤上，
也只能入境隨俗了。

瘦成皮包骨的「聖牛」

二〇一五年九月，在印度清奈舉辦亞太風濕病年會，我有幸被邀請在「脊椎關節炎」的研討會做一場演講。講完後，想去了解一下附近之名勝古蹟。清奈為印度第四大都市，我們雖住在六星級旅館，想叫計程車，印度人總是敲竹槓。如果想去一個鄰近的商場（五～十分鐘行程），要價二十美金，回程亦二十美金。我乾脆包了部計程車，司機兼導遊！清奈原名馬德拉斯，是印度南部大城市，由英國十七世紀所建立，為塔米爾納度邦，人口七百萬左右。

我第一站去參觀非常有名的印度廟（Kapaleeswarar 廟），此廟是第七世紀由帕拉瓦國王時興建，後毀於葡萄牙人。目前廟是由維加亞國王於十六世紀所建，非常壯觀。但中午抵達時，廟方午休（第一次知道，廟中午要午休）。買票進入後要脫鞋，中午太陽光照射，地板發燙，我這細皮嫩肉的腳，只得踮著腳走路，燙死我了！好不容易要去廟內參觀廟中供奉之神像，但門口印度阿三問我，你是否信印度教？我說我信佛教，印度教的一支。門口警衛說：印度教是印度教，佛教是佛教，你是佛教徒，無法

進入。又燙了腳，又被拒絕進入拜神，我來這，做啥？自找苦吃！他不讓我進，真是得不償失，尤其腳板二度燙傷，應該向印度政府申請國賠！

第二站去Marina海灘，此海灘長十三公里，是世界第二長海灘，但可能是世界上最難看、臭氣沖天的海灘。沙灘上，住著破房子窮人，有些攤販賣些臭魚（可能擺很久，賣不掉加上天氣熱），居然還有人買，還討價還價。

第三站採買，印度人想盡辦法賺你錢，去購物時盯著你，直到買東西，他才罷手，真是一趟無聊的清奈之旅。印度國家雖亂，但有特色。另外，印度奉牛為「聖」，基督教有「聖人」，印度有「聖牛」。牛在街上可大搖大擺，像皇帝出巡，但因為窮，有些牛變得很瘦（瘦皮牛），無精打采臥在地上，失去了昔日的光彩。

喝南美咖啡，配蜂大點心

台北西門町，我常去之處，大學時期即常前往。雖過了五十年（我已七十一歲），我仍常前往。除了重溫舊夢，西門町有很多電影院（我愛看電影）及兩家老字號咖啡店，一為南美，一為蜂大。蜂大除咖啡外，尚有許多傳統綠豆糕、桃酥等食物。

我習慣去南美喝南美咖啡，但買蜂大點心配咖啡吃，然後看二～三份報紙（自由時報、蘋果日報），花費一杯咖啡一百元，賺三十元報紙錢（自由＋蘋果三十元）。有時在咖啡店內讀學術論文，然後看電影，再吃個小館，一天下來也怡然自得。

這兩年西門町變了，因遊客多（大陸、港澳），每到周末許多「台灣獨立」標語出現。但偶爾有一些人不甘示弱，掛起大陸五星旗。兩個不同團體，各據一方，互相叫罵，法輪功也來湊一腳。台灣與大陸不同之處是，台灣享有充分言論自由，但兩方過度反應，反而激化彼此不團結，政府宜加思之。

進入廟堂，請先洗手

二〇〇七年去馬來西亞吉隆坡開會，會後參觀一粉紅色的伊斯蘭教教堂。入內得脫鞋，有些教徒尚需洗手、洗腳，真是辛苦。女性不可露手露腿，需全身包一塊布，我們四個人，有一位女性，其他三個男人包括我，都是對僵直性脊椎炎此病有興趣之臨床工作者。猜猜看三人中僅有一人未得僵直性脊椎炎？去日本拜廟看神社，也是一重點旅遊。進去廟堂之前，也要洗手，為何洗手也不清楚，幾千年來，信徒眾人皆如此做，就跟著做吧！

祈願受付所，預測厄運及壽命

日本醫學發達，尤其是免疫學及基礎研究。但臨床醫療，台灣應不輸日本。日本街頭，偶爾可見醫院。門診大樓，台灣人寫「門診大樓」，但日本清川病院，則寫「外來診療棟」。有些人看不懂其意，其實此句是從英文翻譯而得 out-patient clinic，日本應寫成「外來病患診療樓」，此地少了一個字病患 patient。

其實，中文用「門診」二個字即可取代日本四個字或六個字，看起來中文仍較他國語文博大精深！許多病，治的好即在醫院可處理完成，但癌症等治不好的，許多百姓就到廟內附近的祈願受付所，去抽個籤或替親人買個祈福包或吊飾，順便看看厄年早見表，預測一下自己還能活多久？是否可躲過厄運？

有一日，我在祈願受付所想尋找合適之祈願包，稍微翻了一下，即被穿白衣服日本女店員訓斥一下，日本不是有禮貌的民族？怎麼如此無禮，尤其對我不會講日文的觀光客？當時，我應該賣弄自己不錯的英文，因為日本人英文普遍很爛，用英文可嚇唬他們一下。事實上，部分日本人跟印度人一樣，見到老外，陪笑臉，見到老中（中國人）、老亞（亞洲人）則陪哭臉，真是太現實了！我是南京人，本不喜歡日本人，現在更不喜歡了！

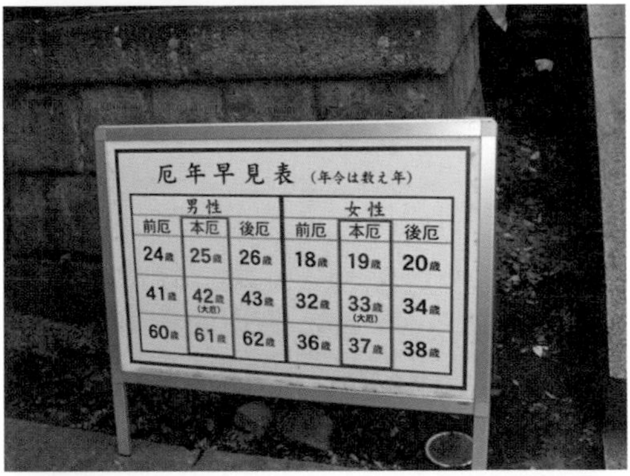

值得一遊的土耳其

十年前，曾去土耳其伊斯坦堡參加歐洲骨鬆大會，參加人員皆為國內研究骨鬆一時之選（除小弟外）。伊斯坦堡是土耳其其最大城市，是該國經濟、文化和歷史中心，它座落於土耳其西北部博斯普魯斯海峽之濱，橫跨歐亞大陸，全球第六大城市。公元前六百六十年，該市被命名「拜占庭」，此後十六個世紀內，先後成為羅馬帝國（三三〇年～一二〇四、一二六一～一四五三年）、拉丁帝國（一二〇四～一二六一年）、和鄂圖曼帝國（一四五三～一九二二年）之帝國首都。

在羅馬和拜占庭帝國時代，它對基督教發展起到了重要之作用，而一四五三年鄂圖曼帝國征服該城後，它成了伊斯蘭教的中心。西元三三〇年曾被命名為君士坦丁堡，而一九三〇年才正式更名為「伊斯坦堡」。

伊斯坦堡為古代絲綢之路途經地，也是歐洲和中東鐵路網，黑海和地中海路的必經之地，戰略地位重要。伊斯坦堡內著名之回教寺有「藍色清真寺」，外表壯觀，內部富麗堂皇，可想像土耳其曾風光一時！三二四年羅馬帝國皇帝君士坦丁大帝以首都拜占庭為東羅馬帝國，而現代土耳其人為烏古斯人一個分支（跟突厥人較無關係），十一世紀由中亞遷入小亞細亞。一二九七年奧斯曼帝國成立，一四五三年攻陷君士坦丁堡，成為東羅馬帝國，十六世紀達到鼎盛，埃及方尖碑被各國搶奪，土耳其亦搶了一個。

土耳其非常值得觀光，但唯一缺點，餐點非常差，每天伙食都差不多，難以入嚥。故去土耳其時一星期務必帶生力麵十四包（一天吃兩包），才有辦法去開會遊覽。圖中有一方尖碑，是從埃及搶過來的。埃及從法老王之後，國力衰弱，列強打到埃及，能搶的就搶，包括方尖碑在內。

其實百年來的中國，也被列強欺負。火燒圓明園、鴉片戰爭。中世紀英國強盛，販賣鴉片給中國，賺取暴利。中國人不從，即發動鴉片戰爭。清朝到後來傾家蕩產，簽了許多不平條約，割地賠款。現在二〇二〇年代，中國好不容易強盛起來，又遭美國、英國、澳洲等國圍剿，連日、韓、印、台也加入陣線，圍堵中國。我覺得中國一定強，也必須強，才能傲立於世界。但希望未來跟台灣能和平相處，互補雙贏。

拜不用香，心誠則靈

大陸現今古廟甚多，但古廟收入靠遊客、香客，很多鄉下人平日縮衣節食，但到廟宇後，就像發瘋似的，可一擲千金。廟內住持或和尚看準此點，將原先小支香作成小中大不同類型，價錢自然不同，有些廟，一支大香可能要五百至六百人民幣。君不見許多和尚用蘋果iPhone手機，而貴為醫師如我，早期仍使用國產宏達電（HTC）手機，二相比較，高下立判。我考慮棄醫從和（和尚簡稱）。

小廟前有一標語寫著「少燒香，燒好香」。燒好香應改為燒大香（一次性賺大錢）。社會在變，宗教亦在變，但世俗化則萬萬不可。我人民幣帶的不夠（因為大陸廟不收台幣），只好學某醫師一句話「拜不用香，心誠則靈」，如此可躲過浩劫！

大法師提前「開光」

安徽九華山，為中國四大佛教名山，是屬於池州市，主要供奉地藏王菩薩；浙江普陀山，供奉觀世音菩薩；四川峨嵋山，供奉普賢菩薩；山西五台山，供奉文殊菩薩。和尚一般吃得少（因為運動少），有些和尚過午不食，不吃晚餐。去餐廳時，走路井然有序，像部隊般。但洗完澡曬衣服時，則沒有規矩了，在住宿窗戶邊掛著洗淨衣服，包括內衣褲。

我去九華山時，有一晚住在鄰近九華山一酒店（大陸稱酒店為旅館，而台灣之酒店，為喝酒、色情場所），我們華人住旅館很少請酒店洗衣服，而不像老外，大部分自己洗，通常用肥皂搓搓或自行帶洗衣粉。此酒店特別處，是第一次有酒店提供洗衣粉。洗完澡後，沒事想自拍一下，結果不小心直接照鏡子，反光，好像佛教開光一樣。噢，明日我正好去九華山，大法師已經提前幫我「開光」。

天台正頂，峰峰相連變成棉被相連

九華山山頂有天台寺、蠟燭峰、天台峰、十王峰寺，從山腳爬到天台正頂，一路上可欣賞許多高山，且峰峰相連。然不幸的是，卻看到一處棉被相連。而有點無法無天的是，為何棉被都曬到風景區？此山不知何人管理？古時候給皇帝遇見，拖出去，立即斬首示眾！

在山頂上，遇見一駝背老人，正清除山上之垃圾或雜物將其帶下山。他每天可能上山、下山跑七、八趟，外觀他有駝背，內心應有輕度憂鬱症，膝蓋應有退化性關節炎。但為了討生活，養家活口，只得做此粗活，賺取微薄薪資。政府如有錢，應好好照顧老人，為人子女者也應好好孝順自己父母。

天下第一名剎，少林寺

河南嵩山少林寺，名聞中外。少林寺位於河南省登封市，嵩山五乳峰下一座佛寺。由於其座落在嵩山腹地少室山的茂密叢林之中，故名「少林寺」。此寺始建於北魏四九五年至今一千五百年，號稱「天下第一名剎」。少林寺因其歷代少林武僧，潛心研創和不斷發展的少林功夫，而名揚天下，有「天下功夫出少林，少林功夫甲天下」之說。以少林功夫的武學國粹為代表，涵蓋禪意、藝、醫。現在少林寺已有些商業化。

清晨我去當地，看到許多少林子弟，已在屋頂上練武功。小弟去應徵少林寺和尚，第一關即不合格。挑水挑不動、掃地掃不乾淨、有懼高症、無法飛簷走壁、太肥無法跳躍翻滾。少林寺練武，常易受傷，所以寺內還販售風濕創傷膏，還有小攤販賣些食物。

現在有些寺廟多角經營，因為政府鼓勵不燒香，疫情期間無香客入場捐獻，廟內養活一大家子人，不得不想辦法活下去。現在寺廟想清淨不容易，太清淨沒人來，和尚營養不良，念經敲木魚都有困難！

逐水草而居的貝都因人

除了熱氣球外，埃及另一個自費行程為沙漠中看日出，及探訪沙漠中少數民族貝都因人。貝都因人（Bedouin）是以氏族部落為基本單位，在沙漠曠野過游牧生活的阿拉伯人。「貝都因」在阿拉伯語意指居住在沙漠之人。逐水草而居，是他們大多數人的最基本生活方式。住的是可隨時遷移的帳篷，養駝、養牛、狩獵、劫掠是他們共同愛好。

貝都因人最多的五個國家，包括沙烏地阿拉伯、利比亞、約旦、埃及、以色列。駱駝對貝都因人至為重要，其實駱駝跟羊一樣，全身是寶。駝乳可解渴、駝肉可充饑、駝牙可做衣服、駝毛可做帳篷、駝糞可做燃料、駝尿居然可以當生髮油。其實我從小對少數民族（如台灣原住民）有興趣，除了他們的傳統文化外，他們是弱勢的一方（如美國黑人）。

昨天坐熱氣球要美金一百六十元，今日去貝都因又要七十元。妹妹們有些不捨，但因我想去，最後我做大哥的，替他們一人出一半價錢（美金三十五元）。我們大清早四點坐四輪傳動車到沙漠看日出，最後去貝都因部落探訪。先見一老婦坐在地上做烤餅（當地主食），挺好吃的！我們送家中小孩一人一支原子筆，他們認為是天上掉下來的禮物，陪我們照個相（先禮後照，先送禮後照相）。又去看他們水井，當然我照例要去廁所拜訪。我問當地人，廁所在何方？他們說，一大堆蘆葦圍起來即是廁所。當然進入廁所內，只能暫時停止呼吸一分鐘。他們養牲畜，當地沒草，還得老遠送過來。但他們生活在此，覺得怡然自得，我大概半天就受不了，要回家了。

齋戒月，餓了一個月的飲食節制

二〇一八年去法西葡摩遊玩，最後一站為摩洛哥。當日適逢齋戒月結束。教堂外、教堂周圍之街道滿是行人、汽車，交通打結，無法通行。伊斯蘭教徒餓了一個月的飲食節制，也並非壞事，尤其有四高、心血管疾病、肥胖患者。我肚子大，應該參加一年一次的齋戒月，讓肚子變小點，但我可能無法忍受。因為餓肚子，可能無法正常幹活，思想也比較遲鈍。

我的家在海的那一邊

一九八九年蔣經國頒布解嚴，也同時開放兩岸可探親。讓兩岸對峙近五十年，才可互相探親。我父母親一九四九年大陸淪陷時，逃到台灣。我在台灣成長，但未曾見過父母親在大陸之親戚，包括南京的姑姑及二舅、四舅與北京的三舅及他們下一代！小時候唱《反攻大陸》，現在也不必唱了，因為已經可到大陸去了。另外《我的家在山的那一邊》，其實也唱錯了，應該唱《我的家在海的那一邊》！因為隔閡兩岸是「海」（台灣海峽）非「山」。

我其實迫不及待想回老家去看看（南京、北京）！然一九九一年以前，我服務於軍方之三軍總醫院，絕對無法在服務軍職期間，去大陸探親！終於在一九九一年服務軍職十八年

後，毅然決然退伍，那時還差兩年（二十年）即可吃終身俸（每個月不幹活，還有四、五萬收入）。人家王寶釧苦守寒窯十八年都能忍了，你還兩年都不能忍。但周某天生硬骨，為了去嚮往已久的大陸美好河山，為了探親，決定退出軍職。

一九九一年一退伍，立刻去北京看自己的親三舅。三舅一九四九年後在北京曾開公車，養家活口，拉拔四個子女長大。照片在北京一旅遊點合照，左邊是大妹，左二為三舅老二孟浩，右邊第二位為三舅大女兒孟莉，最右邊為排行老四之孟輝。然過了近三十年，父母親、二舅、三舅、四舅、姑姑長輩全走了，人生有限，得及早把握，免得遺憾！

嚎啕大哭的孫女

我已退休了，可惜內人二〇一四年離世。吾兒有一女沁媛，生來聰明靈巧，美麗如同內人年輕時。偶爾有空時，會含飴弄孫。孫女兩歲前甚依賴她媽媽，我偶爾抱她，她放開喉嚨大哭大叫，聲聞數里，嚇得趕快放回她媽媽那。近來已有一孫，名為大福，其哭起來，亦不輸他姐姐。

其實我當初不選擇小兒科的原因，為我怕小孩哭叫，尤其給住院兒童打點滴，小兒哭，情有可原，旁邊大人亦跟著哭，場面真是難堪。

左右逢源，搖擺人

我的父親周鵬飛，原為南京人，姓高，但因早年長子從母姓，改姓周而籍貫從南京變成安徽桐城人。我在大陸講學旅遊時，大陸人問我：你從哪兒來？我碰到南京人，我說我是南京人，碰到安徽人，我是安徽人，真可謂「左右逢源，搖擺人」。

安徽桐城，文風鼎盛，古時有「桐城派」之稱，我文學相當不錯，可能是一半與桐城派有關。父親一九四九年逃難到台灣，在一九八七年後，數次回南京老家，家中只剩姑姑、父親小妹，當時未逃難出來。然父親未曾回桐城，二〇一二年利用去合肥演講之空檔，回老家桐城一遊。花木蘭代父從軍，我則是代父返鄉。我父親年輕時脾氣不佳，且抽菸、喝酒樣樣來，原以為他會最早離開，但他活到九十四歲。其他長輩皆未超過八十歲，天算不如人算，還是人算不如天算？

周氏祖籍 - 我的故鄉

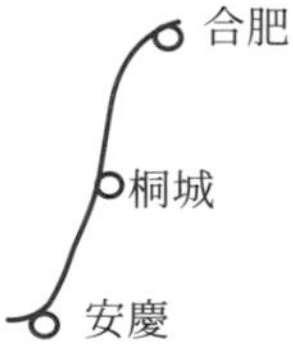

「文學」鼎盛
安徽「桐城」

我的父親 - 周鵬飛
(1919-2012 年)

少小離家，老大未回
兒子斗膽，代父返鄉

落葉歸根

煙花三月下揚州，此地有不同種類花盛開，包括桃花、鬱金香等。圖中一位老人為父親摯友，我稱呼他為葛伯伯。他本為揚州人，一九四九年逃難時，他隻身到台灣，留下妻子、大兒子。一九七〇年代，他妻子從大陸經由香港跑到台灣來，而大兒子留在大陸。然葛媽媽二十年前過世，大兒子來台探親數次，因葛伯伯年已九十多，兒子希望他回老家揚州終老，順便照顧他。葛伯伯終於答應，符合中國傳統「落葉歸根」。

葛伯伯在大陸買了一間房，大兒子晚上就陪他睡，但葛伯伯要每晚說一個以前故事給大兒子聽，從晚上談話到清晨兩點，最後才讓大兒子睡覺。這樣重複此動作，將近三年，直到去世為止。由此觀之，大兒子非常孝順。但葛伯伯在去世前，曾鬧過笑話。有一次意識不清，到醫院判定已死亡，此

煙花三月下揚州

Peach blossoms in Yangzhou, China

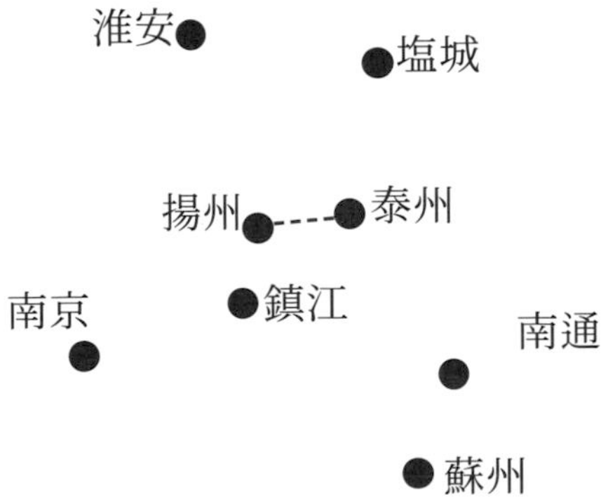

時大兒子通知小兒子、女兒趕緊回大陸奔喪（小兒子人在美國，急忙緊急回揚州）。但到了揚州，發現葛伯伯又活過來，真是又驚又喜。

葛伯伯年輕時非常英俊，到老了仍愛美，我本想與他合照，但開始他不同意，覺得不上相，後來我建議大家都戴太陽眼鏡（此鏡可部分遮醜），最後他同意才合照，此僅有的一張，留下永恆的回憶。

醜男應生不出英俊兒

吾兒周崇傑，身高近一八〇，個性溫和，人瀟灑。以前帶兒出門，有人問兒子是你生的嗎？言下之意，我這醜男應生不出英俊兒子。

兒子優點太多，缺點甚少，結婚當日（二〇一三年六月九日）在圓山宴客，可惜內人譚玉媛已臥病在床（肺腺癌）無法參加。本擬請三十九桌，最後僅有十三桌。結婚典禮時，主婚人、證婚人與特別來賓皆須說幾句吉祥話。但現在為手機時代，有多少人會聽你大放厥詞，玩手機者比比皆是。你說你的我玩我的，但比拉大嗓門，喧鬧吵雜的賓客較有水準。

放風箏，體驗「知易行難」之真髓

山東濰坊，岳父譚保身故鄉，利用山東巡迴邀請演講之際，代父返鄉。濰坊，非旅遊之城市，對大多數國人不熟。但如提及國際風箏節，每年在此城市舉行，則部分人也許知道些。濰坊人精於手工藝，可將風箏做成各種類型，如蜻蜓、蜈蚣、老鷹、巨龍、公雞等，除造型突出，色彩相當鮮豔，確實有其獨到之處。

放風箏，別小看它。想起年輕的我，曾在青年公園，給我一雙兒女表演放風箏，但不知哪邊不對頭，有時放了二、三十次，風箏仍在地下飛，飛不到高空，即使短暫升空，但旋即向下，在半空中難超過三十秒。放風箏，有時還要提著風箏往前跑，但我太衝動，沒看到前面大石頭，風箏沒飛也就罷了，又不幸摔了一跤（狗吃屎），仰天長嘯，在一對兒女面前出糗，臉上無光。唉！為什麼我天生是「讀書命」沒「其他命」（包括放風箏）。

我在濰坊，看到許多老先生，老太太在放風箏，咦？為何風箏飛到如此高，我問他們，你猜他們如何回答我：「放風箏，就跟吃飯一樣，它自己就飛，我不太管它，它還是飛了。」讓我由風箏之事體驗國父所說「知易行難」之真髓。

獨樂樂不如眾樂樂

去東京開會順便參觀明治神宮。導遊說，許多廟宇包括明治神宮之碑坊、廟木頭，事實上早期都是從台灣砍伐運過來的。當日廟內正逢新人婚禮，初見之際，以為辦喪事（因為新娘穿白衣），事實上是辦喜事（日本人新娘穿白衣）。

此次內人與我同行，身體精神狀況佳。誰知數年後，因肺腺癌過世，在寺廟內有求籤之處，希望求平安健康，然有一掛牌（台灣人寫的），上寫「中樂透獎，一人獨得」。真是滿腦子只想發財，還想一人獨得，其實「獨樂樂不如眾樂樂」。

親愛的，我不想太早離開

我雖為醫師，但興趣多樣：愛唱歌、愛寫書，除了對病人寫衛教書外，還替內人譚玉媛寫過一本紀念書。內人譚玉媛與我在三十五年歲月中（內人六十三歲，因肺腺癌在二〇一四年辭世），專心照顧我及一兒一女，無怨無悔，今天稍有成就，大部分都歸她功勞。她在二〇一二年得病，而在二〇一三年四月最後去加拿大看望女兒時，當時女兒已嫁給加拿大人Brandon。她不想讓我心痛，在Brandon家中廚房，私下對女兒說了一句話：我不想太早離開。事後女兒電話中告知後，我大哭了一場。

在二〇一三年六月入院後到二〇一四年二月離開，她受疾病折磨了七個月，我在爾後七個月中，每日在病房陪伴她時寫下日記。記下當時的病況及往日的種種值得回憶之處，因而在她逝世後不到一年，即完成了此部著作《親愛的，我不想太早離開》。我推薦此書給親友和病友看，他們都說太感動人了，有人說看完一本書，一包衛生紙不夠用，因為哭得死去活來。

鏡片掉落地，黑白無常

我因兒女在加拿大溫哥華念書，每年都會回溫哥華探親。我喜歡在十月去，因楓葉變紅。我家附近有一 farmer market（農夫市場），旁有十多棵楓葉。當日女兒幫我照相刹那，我右眼眼鏡鏡片突掉地（其實眼鏡已經鬆了，未換眼鏡），這當下，我突然詩興大發，馬上做了首詩，「楓葉紅紅，眼鏡黑白，兩相對比，美不勝收。楓葉落滿地，落葉歸根，鏡片掉落地，黑白無常」。我生不逢時，如生在唐宋時代，可能也會列入唐宋八大家之後一家，第九家（八加一等於九）。

楓葉紅紅，眼鏡黑白，兩相對比，美不勝收
楓葉落滿地——落葉歸根
鏡片掉落地——黑白無常

活廣告，「周大福」

我的兒子周崇傑，孫子周宇希，小名為周大福。香港有一珠寶店，甚有名氣為「周大福」。但大陸最近開了一店，名為「周六福」，筆劃僅差一撇。客人不小心常跑錯店，我曾在廣州一條街上，發現「周大福」及「周六福」兩間店，面對面在一條街上。買東西真是得小心。買孫子（周大福）不知去「周大福」店買珠寶時，是否可打折？因為他是一個活廣告。

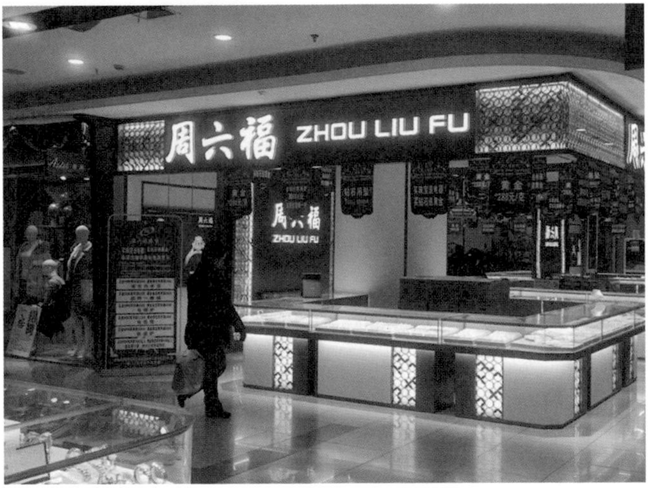

怵目驚心的印度街景

到印度旅遊時，車子準備上高速公路之前，司機在許多大貨車前停下，說去辦一下上高速公路前之文件。此種習俗也頗怪，上高速公路只要付「鈔票」而已，哪裡需要申請文件，莫非防「恐怖分子」上高速公路。

司機Raji下車後，在我車窗邊，有一小孩帶一隻猴及一老人帶條蛇（不知是真是假？），裝模作樣吹一支簫，只見蛇腦袋就上上下下晃動，煞有其事搞了一會，大約五分鐘左右就開始向我窗邊欣賞的外國人士收錢。我趕緊關閉窗戶且按下鎖，因為萬一他向我嚴重勒索，且我付不出

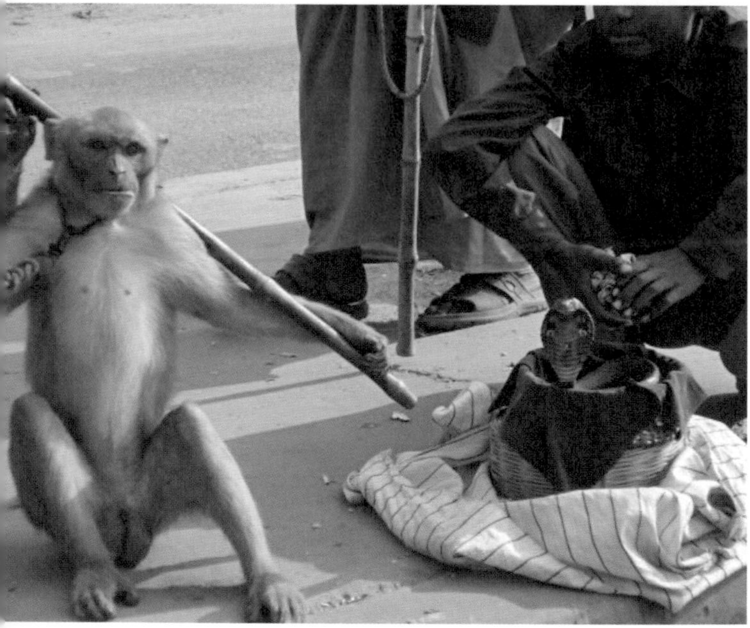

時，猴與小蛇一起向我圍攻，那小命一定不保。我生平怕蛇，尤其百步蛇，因為萬一被咬，在荒郊野外，走了百步即「一命嗚呼」！那才划不來。幸好，Raji回來，我們趕緊上路。

在街邊停車時，又再度遇見一孩童沮喪之面孔，伸手向我要錢，再仔細端詳，驚見他右手腕以下切斷。我想掏錢，但司機發動車子即刻離開。那一幕，如今回想起來，仍讓我驚悚不已！近日看了印度電影《貧民百萬富翁》，更讓我怵目驚心，因為無家可歸的幼童，被黑社會收買，為了增加乞討之機會，刻意將幼童眼睛破壞，甚至截肢，以獲取有錢人之憐憫，而給予較高的小費。人世間有如此駭人悽慘之事，難怪印度、巴基斯坦等國，治安敗壞，其來有自。

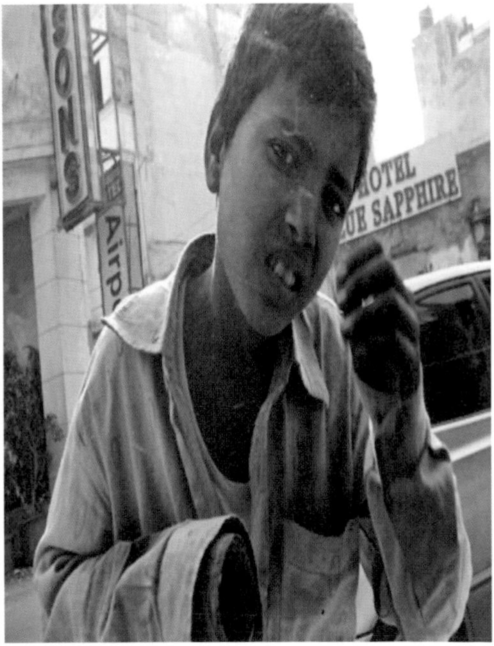

可列為世界遺產的談情說愛

在越南，與台灣類似，他們喜歡在小吃攤用食，一方面是便宜，一方面是對胃口，儘管放一大堆香料。吃完的碗盤，就在路上用個澡盆洗，洗了幾十遍，盆內水髒也不換，繼續洗，反正也不是他吃。

另外在越南，最讓我印象深刻的一幕，為好幾位年輕的男士及妹妹，才一大清早六點二十五分，就坐在摩托車上「談情說愛」。先說說笑笑，接著擁抱。國外情侶都是黃昏、夜晚時駕著轎車，在有情調的地方談情說愛。而越南情侶，一大清早天空亮麗時，就坐在摩托車上談情說愛，可真算是「世界奇觀」。我們應將之列入聯合國文教組織的「世界遺產」。

瘋動漫

亞洲早期受日本影響甚大，尤其動漫畫這一塊，幾乎是年輕人看日本漫畫。接著，模擬動漫畫內各種人物，有俠士、妖怪、將軍、大王，不光花錢買這些貴重之行頭，還買T恤、海報。有些家境小康者，每次日本動漫畫在台灣開展時，年輕人瘋狂，早上一開門，像過年廟內搶頭香一樣，向前衝、衝、衝，比蘇貞昌還強！但這種文化有何意義？年輕人可能一無所知。

這幾年又在瘋狂韓國的熱門舞蹈團，他們到台灣入境時，眾多少年少女在機場接機，吼吼叫叫，幾近瘋狂。大陸稍好，因為政府注重自己的傳統文化，上次去西塘古鎮時，當日正逢「漢民族文化節」，大家男男女女著漢朝民

服，在古鎮照相，恍如唐代的街景及裝飾。政府宜導正此風，因為一味地讓他國文化侵入，而流失自己文化，可悲也！

我當天也想湊熱鬧，穿一下漢朝民服，問一十七歲小女孩，借問何處可買或租此民服？她說：「老先生，明年再說吧！此地買不到，租不到，我們都是半年前網路上租的。」我聽了，只能望天興嘆，因為明年，我來不了。

橫批「健康無價」

在雲南旅遊中，路過一少數民族住家，別人過年過節用的春聯皆是「新春新氣象……」、「招財進寶……」、「日進斗金……」；而這家主人居然用此春聯：橫批「健康無價」，右聯「有錢有權有成功沒有健康一切空」，左聯「愛妻愛子愛家庭不愛身體等於零」。

此主人可能家財萬貫，但因身體不佳，而有感而發。此主人有可能是窮人，看到別家有錢或做大官有權人，身體欠佳，用此春聯勉勵自己或兒孫輩。總之，很難得看到春聯用「健康無價」！我個人學醫的，應該來東施效顰，過年也來貼此幅春聯。

贊「同」與反「同」

二〇一九年，距二〇二〇台灣總統大選年，有二隊人馬在總統府前示威抗議。一為贊成同志婚姻，一為反同志婚姻。而反同者，大部分為教會成員，他們全部身穿白衣，標榜「婚姻家庭重要性」。我當日在台大開會，身穿粉紅色上衣，因為個人「反同」也就去現場湊熱鬧，哪知多人看我上衣（類似同志穿的彩虹衣），以為我是同志來鬧場的。我趕緊跟著大家唱《我的家庭真可愛》，聲音嘹亮，減少大家對我的敵對感。

超過百年才是老店

前兩年與兒去蘇州，正逢雞年，街上盡是雞的雕像（想不吃雞都困難）。在街上，有老鳳翔銀樓，為了招來顧客，找一美女站在一彈性竹竿上發放禮物（或現金），大家搶成一團。中國重視傳統，有「老」字號東西，都是有它存在的價值，因為這些店大部分是「百年老店」。

而在台灣，有些新開的店，不自量力，才開了一年（就先寫 since 2019），以為自己未來是百年老店，結果一年左右即倒閉。英文（since）不能亂用，至少店要開五十年以上，才用 since（since 1950……）。

對牛彈琴

某日，聯合報有則特別報導《對牛彈琴》。我看了些內容，其意是養牛人家發現最近母牛，牛奶產量減少，不知原因為何？可能這牛兒情緒欠佳所導致。靈機一動，請來電子琴演奏家，演奏許多通俗好聽中英文立志歌，如《月亮代表我的心》或《country road take me home》，之後，發現牛奶產量大增，故曰：「對牛彈琴」。

其實這則報導影射到我，我民國三十八年生，屬牛。在醫院工作每日繁忙異常，回到家後疲累不堪，太太跟我說啥，都沒聽進去，太太跟我說，對你真是「對牛彈琴」。唉，說對了！我不是屬牛的嗎？「對牛彈琴」，說得真好！

A15 兩岸　聯合報

對牛彈琴

乳牛聽音樂可增加泌乳量已是公認的事實。河南洛陽市偃師市村乳牛養殖場內，不播放音樂，找來音樂老師現場彈奏，效果更佳。乳牛們全都轉頭過來聽得津津有味。

擁有八百六十頭乳牛的養牛戶郭志欣說，他現在每天上午都請音樂老師彈奏一小時樂曲，一頭牛每天能多產一公斤牛奶，每頭牛一年可增加七百多元人民幣。（中新社）

資料來源：聯合報

汗血寶馬，價值連城

中亞五國土庫曼出產之良駒，又名汗血寶馬，蹄堅硬，可日行千里，目前土庫曼約有三千匹純種汗血寶馬，基本上不對外輸出或出售。據說此寶馬以出汗血而聞名，在馬臉上之血管明顯擴張可增加出汗，馬跑快時不會汗流浹背，而汗中帶血，故稱汗血寶馬。去參訪土庫曼汗血寶馬基地，我騎了一下，跟小孩騎馬一樣！有人牽著馬走只繞了幾圈而已，哪有馬上英姿可言！我不會騎馬，汗血寶馬送我，也是浪費，其實也養不起，不過跟牠合照一張，也與有榮焉！

我服務，我精彩

廣州白雲機場為最大城市機場。為了加強機場服務，常張貼許多服務優良人士之海報，見一海報上寫「我服務，我精彩」有點語意不通，為何服務就變成精彩，應改為「我服務，我願意」或「我服務，我的榮幸」皆可。因我的祖先可能為安徽桐城派，文學底子是不一樣的。

杭州有小推車，上面居然有螢幕做宣導用，此是機場一特點，台灣還沒。

「太善良」的駱駝

印度之行，在髒亂中摸索前進。印度食物，不是咖哩、就是孜然辛香味，我完全無法接受。沒東西可吃，只得吃印度烤餅。

在印度一路走來髒、亂，牛馬逛街；小車亂鑽，大車橫行；頭頂重物，漫步大街；老婦踽行，不管大車；男人呆坐，無事可作；收費車亭，奇破無比；交通警察，指揮失靈；冰果店外，塵土飛揚；趕搭公車，各顯神通。

回程，最讓我印象深刻之事為突望車前有一「高大」的馬匹，載物往前飛馳。咦！為何「印度種馬」如此高大，有如大象，當我車與「大動物」相近且平行時，方才發現此「馬」非正常的馬，而為駱駝。印度人真是愛亂整動物，駱駝應在沙漠中幹活，為何淪落到大街上載物？這其中之心酸史，只有駱駝知道，且默默地承受，因為牠們「太善良」了！

土匪菸

在台灣有不同種類菸的品牌，其中最有爭議的是「長壽菸」，因為菸對多數人而言是「短壽」。而在湖南，引我注意的是有一小攤，居然賣一種「土匪菸」，然為何而取此名？是早期抽菸老闆為土匪？或賣菸的伙計為土匪？或抽完菸後，可性情大變，變成土匪？或純粹吸引人叫土匪？則不得而知，我不敢買更不敢抽，怕變成土匪。

哈瓦那的清晨

在哈瓦那第二天清晨，我離開旅館，即往海邊做每日的晨跑，早起以為海邊應空無一人，誰知海邊已風光無限。有等公車的小市民；眾多海邊垂釣之釣友；有對岸之古堡，遙不可及；有路邊攔車的美少女；有清掃路面的老先生；有靜坐海邊發呆的市民；有金碧輝煌之國會大廈。

但有少數幾件怪異之事，第一件為幾位釣友將釣上的大小魚，不放在水桶或簍子內，而將牠們拋棄於路面上，任其「屍體」曝曬在外，極不人道，極無人情。一天下來活魚也曬成了魚乾，晚上帶回家加菜。第二件為小釣客（十歲左右）也不少，他們人模人樣也甩竿，我在後面跑過，差點魚鉤甩在我頭上，真是無法無天！第三件為海邊的座椅，只剩鐵架，椅子面全被拆掉，幸好我眼明，否則坐空下去，臀部全部骨折裂成四半（原先為兩半）。

此顯示，古巴人公德心不夠，另外古巴窮人太多，也許將木頭椅拆走，晚上可升柴火燒飯、燒菜。

陸軍一號，婚禮禮車

大陸結婚名堂多，不亞於台灣。結婚照必須請專業結婚攝影禮服公司包辦。早期台北中山北路一大堆結婚攝影禮服公司，現在大半跑到大陸去，因為好賺錢。有一天在鄭州街上，正逢一土豪辦婚禮，飯店門口豎著牌子寫著「衣履不整，恕不招待」，怪怪！比台灣還嚴格，而英文寫著PROPER DRESS REQUIRED（中文譯為需穿著適當衣服入場）。何謂適當？穿休閒服是否可入？其實英文應寫著Formal dress required（需穿正式服裝，男如西裝）。不幸的是，周某當天穿著簡單T恤，短褲頭，本想用餐，一看此說明，二話不說，掉頭就走！

由悍馬車改裝加強禮車，用來伺候、招待新郎、新娘用。禮車一到，宴客餐廳門口，眾人目光不在新郎新娘，而在悍馬加長車。此悍馬加長車，它取名為「陸軍一號」。美國總統座機為「空軍一號」，而新郎新娘在陸地上為「陸軍一號」。

輯五　醫療開會

世界級醫療大會、孟加拉村莊義診；
大陸「陀螺刀」，台灣「伽瑪刀」。
欲乘長風破萬里浪，開會之餘不忘玩樂，
人與人之間，地與地之間都拉近了！

孟加拉風濕病年會

我代表台灣在亞太風濕病大會中常演講，另外與亞太風濕病聯盟之官員互相交往、拉關係，其中有一位孟加拉的代表 professor syed Atiqul Haq，現為亞太風濕病學會主席，我與他私交甚佳。他的個性非常溫和，待人有禮，有一年他請我參加孟加拉風濕病年會且演講，但沒有演講費及不提供機票費用，只有四天三夜免費住宿。

孟加拉首都達卡，有八百萬人口，只有一五星級飯店喜來登。第一天抵達時，飯店門口有四個真槍實彈之衛兵。所有行李皆要過X光機，真是緊張異常，好像去前線作戰，並非演講。第二天早上演講，我大放厥詞，用英文演說，也不知下面人聽懂了沒？演講完後，我在旅館不知去何處？碰到一位大陸做成衣的商人，我問他何處可去？他說：「人多地方不能去，太危險。」我再問，他說：「人少的地方也不能去，太危險。」再問一次去何處？他說：「待在屋裡，跟現在冠狀病毒一樣，stay at home」。

離開達卡前一天，幸好 professor Haq 有時間，且正逢世衛組織在達卡附近貧窮村莊辦義診，我就跟著去。有些村子必須坐船走水道才能前往。

圖中小船右邊即為 professor Haq。在河邊碰到許多小孩在河內游泳，但發現有一隻死豬亦在河內漂浮，難怪落後地區兒童常生病。但他們每天卻很高興，沒有憂愁。不像亞洲小孩，每天只為了念書而念書，不停地補習，能高興起來嗎？

從台北去孟加拉，在泰國曼谷住一晚。第二天從曼谷飛達卡，在曼谷機場，孟加拉人（尤其包大頭巾者）不守規矩，自己插隊就算了，還呼朋引伴繼續插。我原排第五位，開始報到半小時後，仍在第五位。真是生氣！但機場服務人員，不敢冒犯這些人，不知道他們在作戰時是否也這樣勇敢？

我搭孟加拉航空公司飛機（Biman Bangladesh Airlines，簡稱 BG），飛機似乎非常破舊，好像二戰時候飛機。我坐上後一路禱告（向各路神明），希望飛機平安落地。實際上禱告有效，真的平安落地，隔了三年 professor Haq 又再邀約，我不想再去，只好說家中有事，無法前往。

不愉快的越南演講之行

去年（二〇一九年），接受越南風濕病醫學會邀請，為慶祝越南某一教學醫院建院五十週年紀念會作一場演講。演講前，為了題目與演講的內容多次修改，已與大會有不愉快。演講前一天，抵達河內機場時，沒人來接（應在機場舉牌），等了一小時。當天晚上，接機人甚多，原來是韓國明星要來，機場鬧哄哄。現在時代在變，一位學有專精的台灣（甚至亞太）的學者來到機場，沒人理，反而韓星有如此禮遇，只感覺世風日下！難怪許多人不念書，情願當「被追之星」！

當天晚上住的旅館，也不算高級，至少吃飯用餐不花錢。第二天早上我排到第四位演講（總共有五位外賓）。主持人不會控制時間，前面致詞頒獎太長，等到五位講完後，要開放「問題」階段，我第一個舉手，但越南風濕病學會主席說沒時間，別問了！然他自己作結論，卻滔滔不絕講了三十分鐘。從此看，此國家學術研究應不強，我這位喜愛發問的健將，也只有摸摸鼻子不吭聲了。

懸壺濟世，葫蘆裡賣的什麼藥？

寧夏影城鎮堡內有一「清城」（仿清朝建築）。我感興趣的有二處，一為與我相關的中醫店，上有匾額「懸壺濟世」。為何醫者稱懸壺？此壺到底從何而來？有兩種說法：一為漢書記載「市中有老翁賣藥，懸一壺於肆頭」。另外，以前的壺，早期是葫蘆之意，而葫蘆本身就是一味中藥，再加上葫蘆內可裝東西，包括藥。以前古諺「葫蘆裡賣的什麼藥」？許多古代中醫，去訪視病患時，身上戴一葫蘆（內裝藥），故醫者稱之為「懸壺濟世」。

另一處為拋繡球之處。此為民間習俗，拋繡球一般訂於正月十五日或八月十五日。未出閣的姑娘，在樓上向外拋一個繡球，誰得到了它，就成為姑娘的夫婿。此結果有好有壞，如果球落到一個十惡不赦的殺人犯，則此姑娘日子不好過！我認為官府或姑娘家人應先過濾樓下的百姓是否有不良紀錄的年輕人（包括流氓、小偷、強姦犯……等），還要門當戶對的才行！

影響我這一生最重要的醫院，台北榮總

台北榮總，我畢業後的第三家教學醫院（台北三總、中國附醫、台北榮總），此三醫院各有千秋。三總是我啟蒙醫院（包括實習醫師、住院醫師、總醫師、主治醫師、科主任等）。中國附醫是培養我成長、重視教學訓練之醫院，可惜我跟院方負責人觀念不合，無法久留。真正影響我這一生最重要的醫院，即為台北榮總，除了擔任科主任外、升陽明大學教授、風濕病學會理事長、風濕病基金會董事長、亞太風濕病學會祕書長，都在台北榮總內完成。

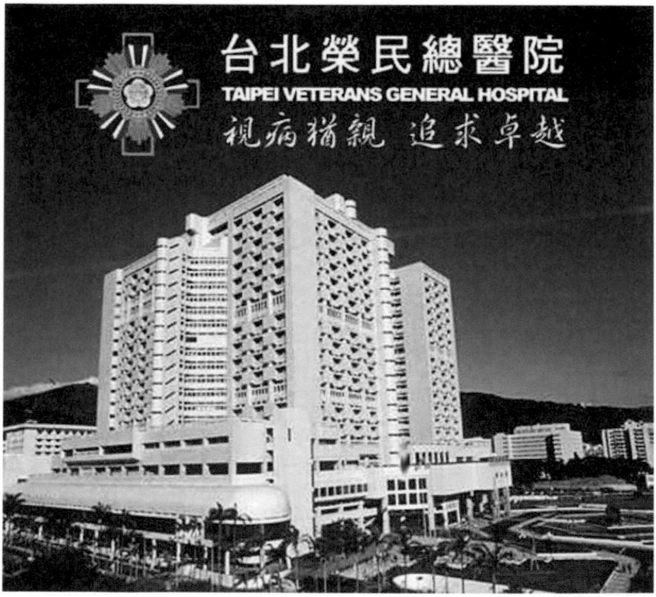

圖片資料來源：台北榮總官網

有關台北榮總標榜的「視病猶親」我做到了。至於「追求卓越」，我也盡可能做到了。因聰明才智不如他人，故無法自稱自己有多「卓越」。每日工作至少十小時，早上七、八點出門，回到家已八、九點（有門診可能到十點）。有時太早回家，太太抱怨太早回來，沒飯吃。我習慣每日六、七點時查房，被年輕醫師在背後說我妨礙他們正常安居樂業生活。其實醫師是辛苦行業，除了看診外，還需教學、訓練、傳承，面對有風險病患，尚需負擔「醫療糾紛」可能性。

近年來，政府已通過「通婚除罪化」之法案，但有關「醫師除罪化」法案，卻屢次被擱置，真讓人痛心。上面為官者或立法者，不替醫師爭取權益，只會在疫情期間，說些「醫護人員辛苦了」的表面話。台灣今之防疫成功，醫療水準高，不是高官者為之，而是所有醫護人員共同努力。為官者，宜思之！最後，我還是要感謝台北榮總！

國內外會議，有請必到

我當亞太學會祕書長（二〇一二～二〇一四）時，中國大陸栗戰國教授當大會主席，與他共事幾年，了解他是一個有學識，亦有行政能力的一位學者。因他的努力，北京大學成立了一個全世界獨一無二的風濕免疫學系（一般醫學系內僅包括內科等系、外科學系……）。我被邀請在此成立大會做一場特別演講！當時內人陪我共同前往，因栗教授關係，全國風濕科著名學者皆前來。內人喜內場（指家中事物），不擅外場（開會、聚餐），諸多學術活動，她都不願參加！這可能與她個性、體能狀況有關，而我像父親一樣，喜外場。國內外會議，只要請我，通常必到！其原因有四：第一別人看得起我，才請我；第二可趁機多念書，演講

必須有料；第三利用機會與他人交流；第四有錢賺（演講費），尤其是第四者。因年輕時收入少，所有的薪俸，全部上繳內人的國庫，而自己可利用之資金甚少，故學藝人一樣，他們賺「通告費」，我賺「演講費」。

演講完後，我跟內人第一次搭北京至上海之高鐵，以前北京到上海要十八小時，現在僅需六小時。早上出發，下午就到，晚上去上海吃個大閘蟹（正值秋天）。大陸高鐵真是把人與人之間，地與地之間都拉近了！

難忘的古巴之旅

十二年前（二〇〇八年），為了想去古巴旅遊，我報名二〇〇八年四月十九至二十二日在古巴 Varadero 之免疫藥物學 Immunopharmacology 研討會。因老中較少參加，一報名即接受，且給我三十分鐘之演講。當時中國大陸較少人參加，台灣僅我一位。開會數日之後，乘車去哈瓦那（需三小時），待三天才回台灣。綜合十天左右在古巴之感想如下：

一、藥學會議，筆者演講，氣壯山河；會前採買，會後再買。當地人開會常遲到，做事散漫，古巴特色。

二、飯前小逛，捕捉街景：古巴樂團、賣花女郎、抽雪茄老人、發瘋老婦人、比比皆是。

三、五星旅館，服務不佳；哈瓦那半日遊，

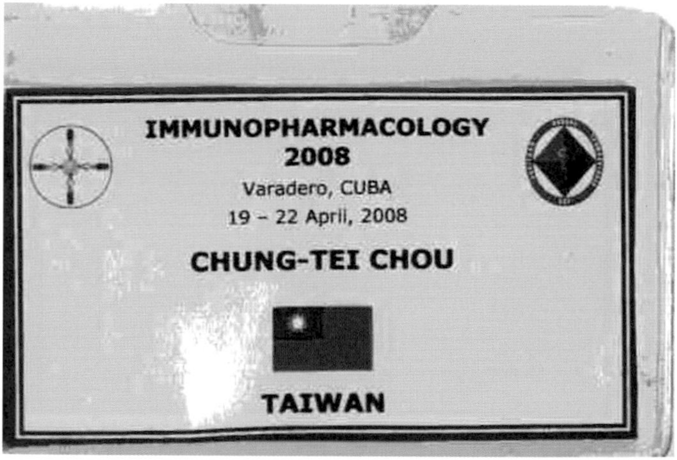

改成農莊之旅，植物園內，盡是棕櫚樹，遊客數少，遊客多少？只有我一個。

四、清晨晨跑，頗多發現：老翁垂釣，上鉤之魚，曝曬於地，不給水喝；海邊座椅，只剩鐵架，家中柴火，全靠座椅。

五、英文失靈，鬧出笑話，煎荷包蛋（英文為 Fried eggs），變成煎眼睛（Fried eyes）。

六、此趟古巴之行，確實有辛苦、有快樂、有驚喜，但確定是有收穫。古巴人之熱情、音樂、舞蹈，當然是我此趟之旅最難忘的。

欲乘長風破萬里浪

戰爭中，士兵在戰場上，非死即傷，而傷者則需第一線或第二、三線醫療人員照顧。周某從醫學院畢業已四十七載，曾在軍艦當過軍醫，但我從小即暈船，只要海上六、七級風浪，即頭暈想吐（像懷孕婦人）無法工作。畢業時運氣不好，偏偏抽中海軍。在剛上船時，夏天軍艦出海，風平浪靜，趕緊在甲板上照個相，跟遠在台北之女友，獻上一封信及一照片（海上英姿），且大言不慚地寫道「乘長風破萬里浪」。哪知冬天來臨時，風浪大，我即開始暈船，又不會游泳，如果萬一跟中國打仗（當時兩岸關係仍緊張），醫官可能第一個倒下，如何照顧作戰之傷兵？我無法公開聲明，只能私下跟部分幹部說：「希望大家自求多福」。

因曾服務三總、中國附醫及北榮三家大醫學中心，且常去大陸作兩岸學術交流。某次路過一家醫院，看到一醫院之招牌上寫「住院部」，英文可譯成 ward（病房）。然此醫院英文居然譯成 Sickroom，英文 Sick 為生病意思，但未有人用 sickroom 代表住院部，我只有笑一笑。唉！英文實在重要，外國人看到 sickroom 也不知啥意思？

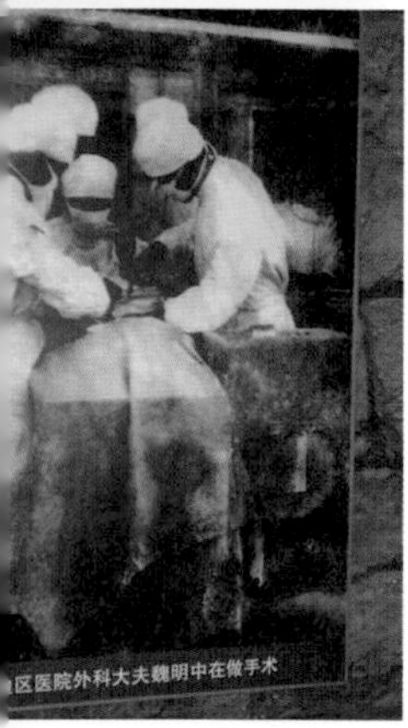

開會之餘不忘玩樂

醫師，尤其老大不小的我，平日看門診、查房、做研究、寫文章，忙得不亦樂乎！難得周末又常在開會。有一次去花蓮，住宿一飯店，內有一環狀河流，我與李醫師同遊。李醫師是我國防醫學院學弟，在花蓮看風濕病已三十年，堪稱花蓮風濕病山大王。他為人正直大方，學會去花蓮開會，他常送每一位醫師花蓮名產（包括麻糬、花蓮薯等），但這些都是增加肥胖食物，難怪他也是胖胖的。吃太多了，需要幹點活，我跟他兩個在農場推乾草，想減個體重一、二公斤，還真難。

另有一次去宜蘭開會，順道拜訪一出名的原住民之不老部落，此部落在宜蘭縣大同鄉，為泰雅族。不老部落有許多自己種的農作物包括香菇。當天我們（包括台大余教授）在大火前面烤香菇，此菇應無毒（有些菇有劇毒，吃下去，幾分鐘，人就口吐白沫走了）。我故意慢烤，讓幾位年輕醫師先吃，沒中毒後，我再吃！

只要會看兩種病：感冒，拉肚子

現在台灣年輕一輩大學生（包括醫學生），真是舒服極了。尤其老爸有錢，可開賓士或BMW上學、用最先進iPhone、出國旅遊不手軟、晚上泡夜店或打麻將、上課睡覺，反正大學老師都不太當學生。

其實觀念不對，因為小、中學培養一個人人格，到了大學，培養一位將來可獨立工作、有創造、進取心的人。台灣因小學、中學拚命讀書，人格沒培養好，考上了大學，就以為飛上了枝頭，從此可高枕無憂。現階段，即便最優秀醫學院學生，也是如此（當然部分認真的學生還是很認真）。

有些學生想法，反正當完實習、住院醫師、總醫師，即可升主治醫師。會看兩種病即可：一為感冒，一為拉肚子（診所百分之八十病人為上述兩種

生命。

病）。但不幸的是，百分之二十病人你不會看，也不知轉診，即可能延誤病情或病人

我去雲南、西藏旅遊，看到少數藏醫院。有一次誤入一家藏醫診所，老師傅幫我把脈，說我五臟六腑都有問題，需要吃很多種中藥及藏藥（藏藥包括冰山雪蓮、冬蟲夏草）。我一聽，嚇得一身冷汗（沒病也幫你製造一個「假」病）！我當天口袋內，沒多少人民幣，吃冬蟲夏草可吃不起！

最後靈機一動，告知老中醫說：我是老西醫，我回去台灣做個全身檢查，再服藥。老中醫一聽，換他涼了半截，好不容易一隻待宰肥羊沒宰到，揚長而去！告訴年輕醫學院學生，學醫是一輩子的行業，要不停地讀書，不停地吸取臨床經驗。台灣如果混不下去，可到大陸偏遠藏區，做個藏醫，為當地醫療資源缺乏地區貢獻服務。

胡慶餘堂，紅頂商人胡雪巖

在杭州市有一全國知名的中藥店「胡慶餘堂」。此店是紅頂商人胡雪巖所創辦，號稱江南藥王，與北方的「同仁堂」齊名。有中醫門診部、中藥博物館。胡雪巖，安徽績溪人，生於一八二三年，幼年喪父，家境清寒，曾待過火腿行、當過米店夥計，爾後進入金融業，後經營錢莊與蠶絲、房地產、茶、中藥與高利貸生意，曾資助左宗棠在福州開辦福州船政局及蘭州織紡總局。一八七五年，五十二歲成立胡慶餘堂藥館。一八八一年，左宗棠賜給胡布政使銜（三品），身穿紅馬褂，官帽為紅色，後被稱為「紅頂商人」。一八八三年商統，錢莊倒閉。一八八五年抑鬱而終。他有幾句商界名言「商道即人道，信譽即是錢」、「以錢賺錢，不如以人賺錢」、「前半夜想想別人，後半夜想想自己」。

胡慶餘堂，成立於一八七五年，現在開設有名醫館（中醫門診部），並沒有胡慶餘堂中藥博物館。我為西醫，但對中醫稍有瞭解。以前在中國附醫工作，研究部分治療風濕病中藥。事實上中藥溫和，沒有像西醫直接作用，所以多半不會有副作用。在胡慶餘堂看見諸多傳統中藥包括八仙桃長壽丸、人參再造丸、救心丸等，心為之一動，雖我已年逾七十，是否該吃吃中藥，讓自己長壽，人生再造。

大同曙光醫院，讓男性露出一線曙光

大陸走入社會主義，小康社會，事實上因經濟發達，少數高端有錢人越來越多。有人一有錢，就會作亂子，不老實，上酒家色情場所，喝酒、找小姐陪吃陪喝陪睡，一喝一陪身體就開始衰敗。有人有心血管疾病，有人得性病、愛滋病，有人欲振乏力、力不從心（陽痿、早洩）。

上述種種，造就目前大陸許多專為男性服務醫院，應運而生。在山西大同見一醫院（大同曙光醫院），特別註明大同男科醫院，進入後全自費，在經過診療後，會讓你露出一線曙光。加油吧，男士們！

世界疼痛大會，雪梨

二〇〇五年八月在雪梨召開世界疼痛大會，有一國內廠商張先生邀請去參加此會。我先前已去過二次。第一次是一九八四年（亞太風濕大會）。我與長庚陳醫師共同前往，當時未有手機，我倆開會前後用傳統照相機，照了二卷精選照（包括雪梨歌劇院）。但回國前，膠卷遺失，最後二人急忙補拍。但陳醫師當時已有憂鬱症，一九八五年即自殺而亡，留著照片只供我個人憑弔！世界疼痛大會，我是第一次參加，然參加者百分之七十以上是麻醉科專家，其次是疼痛科、骨科，真正風濕科醫師反而是少數。其實，風濕科對付的病人大部分為疼痛，不管是關節炎或風濕症。

我在現場，雖未有報告，但常常發問（一般老中、老亞不太問問題），大都是老歐、老美、老印在發問。我其實演講，最怕老印（印度人）問問題，因為他們講話速度又快，舌頭像打結般地難聽，耳朵豎直半天，還是不懂，乾脆請旁邊老美翻譯一下！

雪梨最著名景點，為雪梨歌劇院及藍山。歌劇院（Opera House）是二十世紀最具特色建築之一，其設計者為丹麥設計師恩馬松，從一九五九年開始，一九七三年正式落成。二〇〇七年被聯合國文教組織評為世界文化遺產。當年亞太風濕病會議（一九八四年），日本有三百名學者參加，且包了一條船遊雪梨港，船上掛了日本大和國旗，行為有點囂張！現在日本經濟蕭條，往日盛況已不復在。

雪梨藍山國家公園，從雪梨去約兩小時，可搭纜車欣賞三姊妹山（大陸張家界亦有三姊妹山），還可近距離觀看可愛無尾熊（費瑟戴爾野生動物園）。無尾熊非常安靜，在樹上一天可睡十五、六個小時。在澳洲牠活得好，然一到台北木柵動物園，被熱情民眾又吼又叫，都提早死亡！

雪梨港有一親愛的港邊，英文Darling Harbor，白天安靜，晚上又喝酒又有band演奏，好不熱鬧。老外文化與老中不同，他們喜歡喝酒，紅酒慢慢喝，聊天可聊三、四個小時。老中喝酒很多是急速乾杯，別慢慢吞吞，喝完再說。酒醉後，不是罵人，就是走路搖搖晃晃回家。

歐洲風濕病大會，丹麥

二〇一〇年在丹麥首都哥本哈根，召開一年一度歐洲風濕病大會。哥本哈根除了小美魚人及安徒生故居我們熟悉外，還有小時候吃的丹麥餅乾及現代的Lego玩具。另外世界最大的貨輪公司Maersk（快桅）亦在丹麥，此集團下擁有五百多艘貨櫃船。但其它可看的東西不多，包括哥本哈根內港、丹麥皇宮及有悠久歷史之TIVOLI Park遊樂園。當年內人與我同行，身體仍健康，兩年後二〇一二年，卻發現肺腺癌末期，二〇一四年即離世。

世界內科學大會，首爾

世界內科學大會，二〇一七年在首爾舉行，我為大會邀請貴賓，在一風濕病研討會演講，題目為：「類風濕性關節炎，脊椎關節炎，退化性關節炎如何鑑別？如何診斷，如何治療？」。第一天註冊時，我為VIP，但櫃台小姐，一下請我排這邊，一下排那邊，而且英文不靈。我稍怒，想用英文小罵，旁邊一大陸學者輕聲告訴我：「他的中文比英文好，用中文罵，較有效果」。

孟加拉第五屆風濕病大會，當地奇景

二〇〇五年十月接受 Dr Atiq（孟加拉風濕病主席）之邀，參加孟加拉第五屆風濕病大會，並發表演講「僵直性脊椎炎」。孟加拉為南亞國家，百分之九十八的人口使用孟加拉語，國教為伊斯蘭教。人口一．七億，排名伊斯蘭國家第三，僅次於印尼、巴基斯坦，首都達卡。一九七一年自巴基斯坦宣布獨立。孟加拉早期居民為亞澳人後來有蒙古種人移入，再後來又有雅利安人遷入，早期信奉佛教、印度教。十三世紀改奉伊斯蘭教，一七五七年普拉西戰後，遭受英國殖民統治為英屬印度的一省。一九七一年東巴基斯坦宣布獨立，並在四月於印度加爾各答成立孟加拉人民共和國。印巴戰爭爆發，印攻佔達卡，一九八二年孟加拉獨立建國。

該國人口眾多，經濟並不發達，許多車仍是二戰淘汰車輛，車內有人，車外有人，

車頂有人。我要是搭此台車，保證無法上車（因為他們都是搶車高手）。經過一河流，混濁得比黃河還黃，居然還有漁船在捕魚，還捕得到魚。我中餐吃的魚，據說是此河捕到的，魚肉一堆砂子，老百姓用手抓飯、抓魚，我看到後食不下嚥，反胃、嘔吐不已。

孟加拉村莊義診

在孟加拉演講後，無事可做，望著窗外街景，不敢隨意外出，因為治安不佳。我像是要坐四天監牢（因在孟加拉待四天），幸好第三天 Dr Atiq（現為亞太風濕病理事長）邀我及一位荷蘭教授及當地風濕科醫師，配合 WHO（世界衛生組織）作一村莊之義診。我終於高興了。但去此村莊不易，需走水道，我們坐小船，經過長滿水植物之河流，徐徐前進，經過半小時，船終於到達一偏僻村莊。

村民看到我們前來，像是過年般，到河邊迎接我們，尤其此次有兩位國外大教授（荷蘭教授及我）前來，更是非同小可！村民樸實真誠外，就剩「貧窮」。村長來接我們，當地人大呼小叫後，開始逐家探訪及義診。我當然也利用機會大展身手一番，我用英文問診，還好中間有翻譯。當地居民大部分的風濕病，皆為退化性關節炎、腰背肌肉疼痛、痛風等。

日本風濕病年會，日本遊

二〇一二年四月底去日本參加日本風濕病年會。開會，順便賞櫻花，是多美的事！內人當時在櫻花樹下照相時，還展露笑容（櫻花伴美人），只可惜二〇一二年十月發現肺腺癌，照片又讓我想到她有如櫻花落下時的淒美之感。在日本餐館用餐時，旅館員工建議大家穿簡單日本和服，我不喜歡，也得入鄉隨俗。

日本餐食花樣多，但量少，最後不吃一碗飯，保證二、三小時後即會餓肚子。喝日本燒酒後，全身發燒，後高歌一曲《相思河畔》。太太二〇一四年二月九日過世，每憶過往，睹照思人，不禁悲從中來！離開旅館時，日本服務人員全員到齊，開始鞠躬作揖，一直目送到遊覽車完全看不見為止，真是印證古人所說

「禮多人不怪」！

在淺草一遊時，發現一招牌寫台東區淺草小學校，如不注意，以為在台灣台東。有一店名「寫真館」，是否拍寫真集之處不得而知？其實日本、韓國男人皆為大男人主義者，好色便應運而生。三十年前，日本觀光客集體來台灣買春，林森北路街上，日本人多於當地人。

日本人其實很迷信，淺草有一廟，內有六道輪迴，我不迷信，但大家都在轉輪迴之輪子，我也跟著轉。其實六道是分為三善道、三惡道。三善道為天、阿修羅、人，三惡道為畜生、餓鬼、地獄。我為人做事誠懇、正直，走之後，應該不會變成畜生、餓鬼或下地獄。轉一轉看是否走運！轉久了，想上廁所，已下午六點三十五分，過了廁所使用時間（九點半至十八點三十分），只得匆匆另謀它地。

大陸「陀螺刀」，台灣「伽瑪刀」

有一年去安徽醫科大學演講後，徐教授特別安排我去池州一遊。池州是安徽省之地級市，在長江南岸，人口一百四十三萬，但僅有一家最大的「池州人民醫院」。因外地人口有病時，亦前往此家醫院，故病人相當多。病房客滿時，只得借住病房走道；有時病床占了走道一半，走路都不便，可知大陸人口太多，醫療雖已進步甚多，但無法趕上需求。

當日，人民醫院風濕科主任陪同我看當地住院風濕科病患，我生平愛教書、愛查房，到了大陸亦然，尤其我也是安徽老鄉。我在病房，對病人動手動腳，只希望能給予一些診斷及治療建議。因我像外地人（非外星人），許多病人及家屬蜂擁而至，以為我是從美國哈佛大學來的教授，我不敢久留。走到病房大樓外側，突見

一大樓上有三個字「陀螺刀」，我小時玩過陀螺，但從未知道有「陀螺刀」，經打聽才知道陀螺刀即為台灣「伽瑪刀」，用於做腫瘤放射治療用。所以兩岸要統一，許多名稱皆要互相討論了解，使用共同名詞。

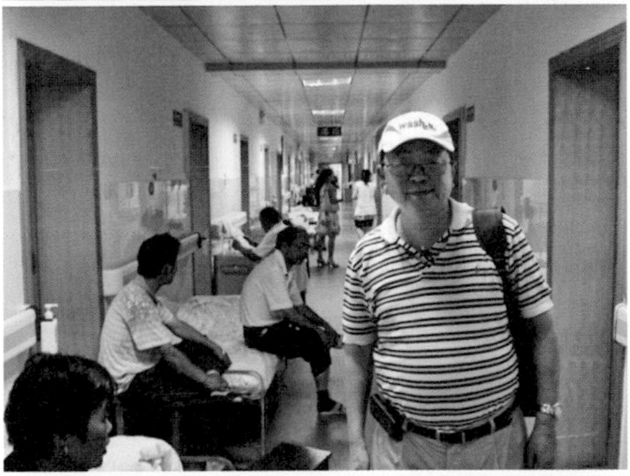

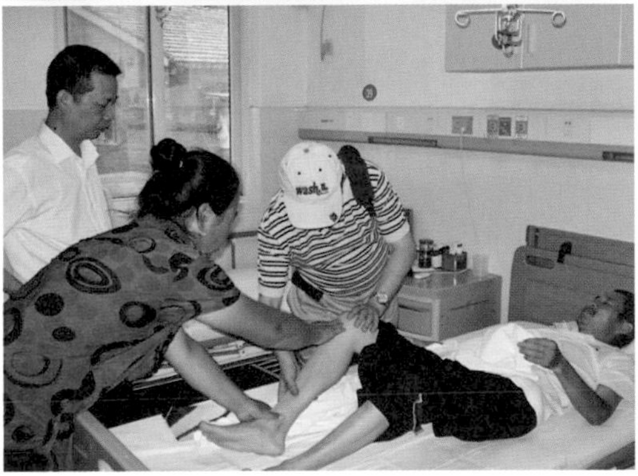

五點半準時下班的公立醫院，馬來西亞

二〇一三年，周某與高醫蔡主任，受馬來西亞四家醫院邀請做學術演講，順便臨床指導。此四家醫院皆為公立醫院。一般而言，公立醫院較私人醫院待遇差很多，有能力的風濕科醫師往私人醫院跑。公立醫院最大特色，準時上下班（反正錢一樣多）。

我在某家醫院下午演講時，到下午五點二十八分演講完畢（醫院五點半下班），此時主持人告訴我「你的演講已無法開放觀眾問問題，因為快到下午五點半」。我很驚訝！醫院不是政府機關，怎能如此準時下班？我還在猶豫思索之時，樓上樓下（一樓）已關燈了！天呀！我還得摸黑，

別人帶路才能找到出口回酒店！下次知道了，五點十五分以前就得結束演講，否則又關燈，我要一不注意，在黑暗中摔了個跤，還得打石膏回台灣！

晚宴為中馬菜同時兼俱，一道中式、一道馬式，逢中周某必吃，逢馬周某休息。而馬來西亞醫師，逢中逢馬，都吃的津津有味，此印證中餐比馬餐好吃！

風濕病論壇，新疆烏魯木齊

十年前，兩岸學術交流非常頻繁。某年在新疆烏魯木齊（古稱迪化，為新疆首都）舉行風濕病論壇Forum，筆者及國內幾位資深醫師前往參加。筆者為代表團團長，那天穿得體面，在人民醫院前與兩位護士合影，包括右邊維吾爾護士。

會後去天池一遊，建議我去天池一台灣人捐助之道觀參觀。哪知進入後，每人需奉獻買香，愈大支愈貴，梁醫師捐了數百元人民幣，我捐了二百元，羅醫師不記得捐多少？（有可能捐五百歐元），而蔡醫師未捐，只說了一句「心誠則靈」，真是高招。我以後得學他。當日天氣甚寒，租了綠色外衣，甚溫暖，但幾位看起來像解放軍的模樣！

維吾爾護士，左右逢源，周某得意。

解放軍軍服，溫暖舒適，人走了樣。

全美風濕病大會，阿根廷

二〇一八年四月七日至十日我去阿根廷首都布宜諾斯艾利斯，參加全美風濕病大會（pan–American Congress of Rheumatology）。此大會，包括北美墨西哥、中美尼加拉瓜、南美阿根廷等許多國家。因南美地處遙遠，幾乎都是當地人，甚少亞洲人。我第一天開會時，環顧左右，只有我一個亞洲人，當然只有我一人是從台灣來。許多當地醫師，好像沒見過亞洲人，一直盯著我看（害我心慌慌，害羞不已）。

阿根廷的國標舞 tango（探戈）發源地為 La Boca 小鎮。探戈起源於阿根廷，最初為非洲牧童所發明，後來受佛朗明哥跟義大利舞所影響，於十九世紀盛行於南美洲。我年輕時曾學過，也跳過，有一步為將女性往下放，頭接近地，才瞬間拉上來。我當時也想學此步。但因身瘦無力（才五十公斤），有一次帶一年輕胖妞跳，在一瞬間將此妞垂下，但我的體重無法負荷，將她的腦袋落地且有聲，嚇得她和我都花容失色，從此我就不再跳 tango。

全美風濕病大會，阿根廷

亞太風濕病大會，約旦遊費城

二〇一二年九月前往約旦，參加亞太風濕病大會。約旦，早期與台灣非常友好。記得我小學時，約旦國王胡笙來訪，經過左營時，我們小學生被安排在街上揮舞國旗。首都安曼除了Hotel旁有死海，其他處也無太多可觀之處，終於找到有一古蹟處為城堡山（Temple of Hercules），多處已成廢墟，中間有二塊碑，有一碑上寫著Philadelphia（費城）。我年輕時，曾去Philadelphia賓州大學附設醫院進修，此大學位於Philadelphia西區而早期已有Philadelphia此字，但為何叫Philadelphia，不得而知？

費城（可稱為廢城，頹廢城市），其實黑人甚多，治安不佳，我晚上回家都走在馬

路中間，不敢走暗巷，因為有時小黑人躲在巷中（黑人本身黑，晚上黑加人黑，你就是瞳孔放大，也看不到他們），只能小心自求多福。另外準備些 US one dollar、five dollars，小黑人向你進攻時，趕緊給錢，一元不夠，給五元，甚至十元，只求小命保住即可！

學術派的栗教授

大陸近十多年來，風濕科常舉辦論壇。此為二〇一三年三月在廣州舉辦之活動，我受邀參加且發表演講。當時的主席為亞太風濕病大會主席栗教授（當時我做祕書長，跟隨著栗教授）。他為學術派，非常重視研究，他下面許多博士班學生，每次活動在大陸舉行，我抵達機場時，他會派博士班學生來接我、送我，我當時不想麻煩他，說你可不必送我。但博士班學生說千萬不可，因為栗教授個性一板一眼（做學術通常這樣）。如果做不好，他唸我兩句，那我已很高興，他不理我我大概就要走路了！聽完一席話，再如何，也得聽他話送我去機場。

專注聽講的大陸醫生

周某在醫療領域中，除了教自己外，喜歡指導他人。因為在大陸已小有名氣，各地邀約演講不少。在醫學院上課時，已知中國大陸有兩家著名醫學院（北協和、南湘雅）。協和醫院在北京為庚子賠款所創建，而湘雅在湖南長沙為早期外國教會所創立的。我在大學上課，許多名師，少數幾位來自湘雅。有次長沙風濕界領導，在此辦全省學習班，一聲令下，各省各縣市之風濕科醫師都到齊。我演講時大部分都專注聽講（不像台灣許多醫學院學生，常上課不到，到了就睡覺，像極了無尾熊，一天睡十六小時以上）。另外，他們有些特殊個案或疑難雜症，會把病人找來當場會診，真是沒有三兩下，難度關山！幸周某平日努力，尚有兩

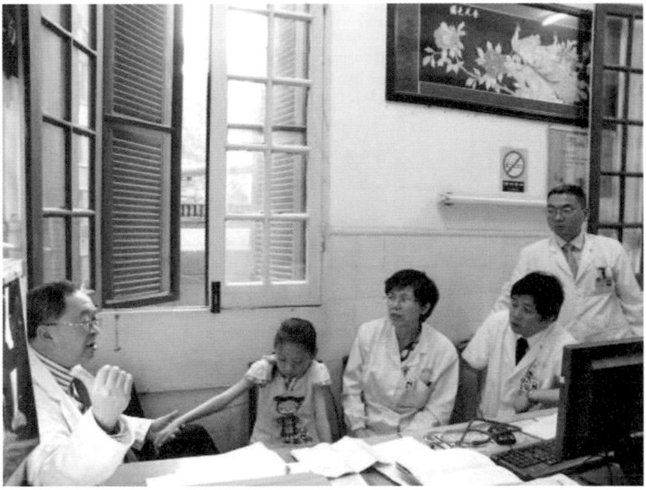

把刷子。

在台灣當大學生（包括醫學院），許多人拚命玩手機、玩電腦、玩麻將、玩撲克牌、玩女人……等等。老師如甚嚴（如我）考試題目甚難，通常還沒當掉學生之前，我先被「當」掉（因學校有雙向考核，學生評語把我說得半文不值，還用三字經罵我）。當然最後的結局，我被「死當」永不得在該醫學院授課！我開玩笑的說不想在台灣當醫師，可到西藏當藏醫或到蒙古當蒙古大夫。服務醫療資源缺乏之偏遠地區，未來還可留個美名！

輯六　廁所

世界各地去遊覽，飯不吃或少吃都可，
唯一不可缺的是廁所。
各國文字用法紛亂，令人搞不清楚，
最簡單的辨識符號，畫上男女標誌即可！

廁所最少的地方，歐洲

二〇一五年參加北歐四國之旅，最後一站去瑞典斯德哥爾摩市區觀光。早上可能喝太多水（包括咖啡），天氣冷，沒多久即想解尿。但遊客都知道，廁所最少的地方是歐洲，尤其是先進歐洲（非洲例外）。其實在非洲反而容易，因為地廣人稀，樹木叢林甚多，野放到處皆可執行。最後尿已接近尿道口，好不容易看到一間店面，是法輪功宣傳店，窗戶邊寫著三個中文字「真、善、忍」，我個人前面兩項都符合，又真實又善良，但第三項不及格，我無法忍尿。衝入店內，他鄉遇故知，想借一下廁所，怎知店內人員一口回絕，我只好另謀它處。從此，對法輪功有不好印象（原先印象就不佳）。那時也笨，如果假裝自己是「法輪功」忠誠信徒，也許小便就有著落了。

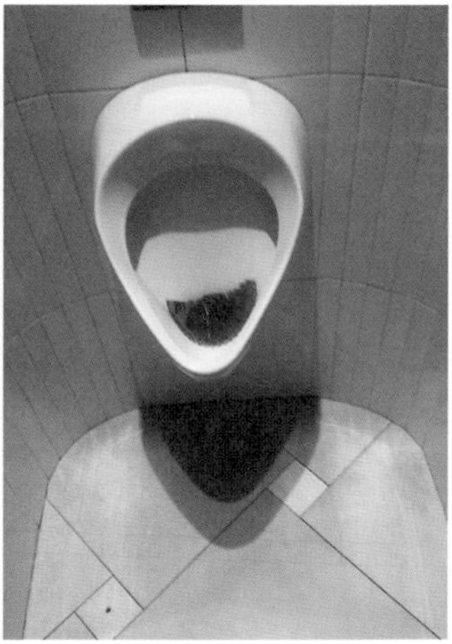

官爺及娘子

有次去日月潭開會，會後去埔里吃中餐。適逢星期日，中餐館（客家菜）高朋滿座。進餐前，第一件事除了洗手，先去廁所觀光。要注意，不要跑錯廁所。有次去京站看電影，因尿急，跟一位長相男性留短髮的人走進廁所，接著聽到二、三位女士大叫，你走錯廁所了！再細看那位留短髮的人不是男生，而是女生。

故入廁所前，必須留意廁所上掛的標牌，此牌子有不同種的註記，有些用男女畫像，有些寫男女（male，female）。但此客家館，用官爺、娘子分別代表男女。我當然走官爺進入，走進走出，覺得虎虎生風，因我已變成官老太爺了。因為高興，我又多上了兩次廁所，除了免費如廁外，最重要的是找回自信。

為方便來，留方便去

大陸為了讓百姓保持廁所清潔，常有許多有趣標語，如「上文明廁，做文明人」、「為方便來，留方便去」，尤其第二句，如果翻譯成英文，不知如何翻。其實許多人上廁所，尤其是公廁，都是尿急了，哪有閒工夫看這樣標語。有些人看了「為方便來，留方便去」，更是丈二金剛摸不著頭腦。

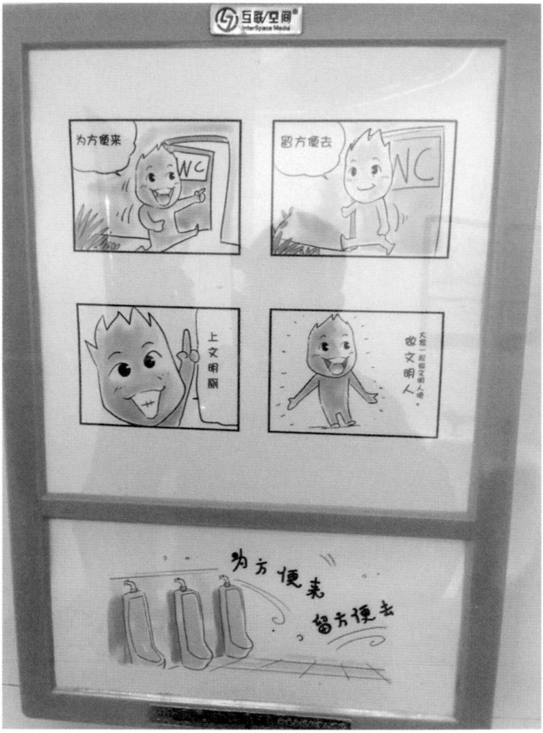

驚見乾淨的大陸旅遊廁所

寧厦旅遊中，發現觀光景點廁所，跟以前比，有大幅改善。以前的廁所內有異味髒亂、地上有痰、大便沒門（你小便時後面有人上大號，盯著你看）。現在有專人負責，且老百姓素質改善，今非昔比。見一旅遊廁所乾淨異常，比較驚異的是，居然有兩個為兒童準備的抽水馬桶，但沒門（小孩子沒關係，他們不會在意的）。

沙坡頭，不像廁所的新穎廁所

中國大陸早期喜歡到處張貼標語、大字報（那時候沒手機）。在寧夏沙坡頭景區，看到一標語「舉國上下共慶賀，祝願祖國更強大」。我乍看之下，不知到底慶賀什麼（因為標語未註明）？後來才知慶祝十月一日國慶日。當然附近之毛澤東紀念館也必須慶祝一下「豐功偉績昭日月，雄碑傲立狀乾坤」。

毛澤東及蔣介石在中國近代歷史上，何者最偉大？其實兩位各有千秋。蔣介石北伐抗戰，統一中國；而毛澤東卻把蔣介石打敗了，建立了新中國。但兩位在歷史上皆留名！我想了半天歷史，卻忘了上廁所。其實出外旅遊，什麼博物館、紀念館不是最重要的，而需要排尿的廁所是最重要的。在沙坡頭的廁所，非常新穎，不像廁所，但它就是廁所！在沙地上，有一魚美人砂雕像，奇怪，魚美人應在海中，怎麼跑到沙灘上？

「輕鬆一處」，鎮堡影城

寧夏有一非常著名之影城（拍電影之地），為鎮北堡的西部影城。台北市原先也有個「中影文化城」。當時國民黨時代，早期拍了許多電影，尤其是武打片。但現在已關了，也不知是何故？可能現代人的文化品味與過去不同，但歷史是可借鏡追溯的。

在鎮堡影城逛一逛，沒事又尿急，沒法輕鬆，一眼望到一處，取名為「輕鬆一處」；再仔細看，有廁所標示，趕緊快馬加鞭上了一趟廁所。結束後，全身真輕鬆不少，還不只一處！

日本文化中，廁所是一種重要的文化資產

在日本，曾入住一家飯店，去到廁所時，一個招牌多種提示，讓你不知道廁所在何方！廁所名稱，包括洗面所、廁所、Rest room、WC，其中 Rest room 還寫錯（RESTRO OM），真是不應該（那飯店為五星級）。歐美人廁所，常用名稱為 Toilet，但此招牌上未寫，大概此飯店歡迎東方人，不歡迎歐美人。在洗手時，驚見一處為洗完手乾燥之處（英文字 Dry）。

日本文化中，廁所亦是一種重要的文化資產。許多有名製造廁所馬桶之公司（如 TOTO）皆費盡心力，要如何讓客人更舒適，在新製造之馬桶設了十多個按鈕。如馬桶座位，冬天可保暖，可自動拉出坐墊；上完大號，可自動沖洗屁股的水柱等等。其實我並不清楚哪個按鈕，但為了瞭解日本廁所高

科技產品，也就大膽一試。哪知一緊張，按水柱的鈕，強力水柱先沖髒屁股（糞便），我嚇了一跳，站起身時，水柱由屁股直沖臉、腦門，驚得我花容失色，趕緊用旁邊洗臉台的蜜絲佛陀香皂不斷洗臉。本來是享用一下日本高科技產品，但未評估風險，真是不划算。以後乖乖地用簡單老式沖水設備，別搞花樣了！

哈爾濱，有衛生所長的星級公廁

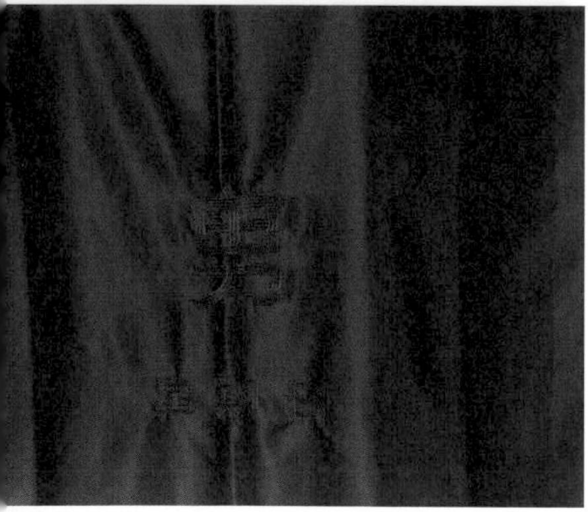

去哈爾濱旅遊途中，在休息站如廁。廁所門口貼了一佈告，星級廁所二顆星（比照飯店），上面還寫上名字，衛生所長：景××，設備所長：丁××。你如不滿意，可將星星取下或投訴衛生所長，此應可改善以前廁所之詬病。在進入廁所門口有一布簾，除了寫「男」（男人入內），尚寫星期日，此為世界少有的廁所文化。一般寫星期日，都是在飯店電梯內地板上。讓我領教了大陸某些異於常人的作法，有些也可學學他們！

沒門的一條溝廁所

十多年前到雲南大理參觀白族社區，尿急找到廁所，外觀尚可，但入內後，才發現上大號為一條小溝及沒門的廁所。本想大小號一起解決，但一見此，肛門括約肌緊縮，便意全無，只剩小號。經暫時停止呼吸十秒後，小便結束即匆忙飛奔出去。出門未遠，即是一飯店，而飯店內一盆水，放的不知是何種動物（蝦子或其它）？不知，也不敢在此飯店用餐！但其實近年來，大陸已明顯改善廁所環境，要找到無門、一條溝的廁所只有到偏鄉地區，方可尋獲！

只能小小，不能大大

大陸青海，屬較偏遠貧窮一省，雖有公廁，但普遍不乾淨。一小妹穿著打扮在當地算是富家子女，但仍在路邊車子後方輪胎附近小解（如同小狗般）。

路過一公廁，需要錢（一元人民幣），但門口有塊招牌，特別強調「只能小小，不能大大」，意謂可小便，不可大便。此有點類似古代帝王聖旨詔書「奉天承運……可小便，不可大便」，而遊客只能領聖旨，不可違抗，違者「斬」！

標示太多的廁所，南京夫子廟

在南京夫子廟附近上廁所，一間廁所標示中文、英文、日文、韓文。其實只要中英文，然後畫上男女標誌即可，不需日、韓文。另畫蛇添足的是加上「免費」二字！其實不用多寫，門口沒有人收錢，即為免費。

另廁所旁邊又多了一個小便間（washing room），難道大便另外尚有一間？washing room 是否代表小便間，也不正確。總之，一間廁所，搞得太複雜，門口先看完全部說明，可能也忘記上廁所了！

附上管理員照片的廁所，河南開封

二〇一四年，退休前三個月，為了慰勞自己的祕秘書和實驗室助理，免費招待他們游覽河南八天。到了河南開封，除了包青天外（曾在開封府當官），尚有千年之鐵塔。路上小販賣包黑豆（其實是花生），原來包青天尚有一外號叫包黑豆。

到任何一景區遊玩，必去的景點為廁所，此廁所古色古香，我大妹的兒子，比我早一步向前邁進！為了讓廁所乾淨，常清潔，廁所內尚有兩位管理員、照片及檢舉電話，此在台灣廁所尚未發現。開封有一古老鐵塔名為開寶寺塔，始建於公元一〇四九年（北宋年間），塔高五十五．八八公尺、八角、十三層，它其實不是鐵做成，而是一座琉璃磚塔。九百多年間，歷經三十七次地震、十八次大風、十五次水患而仍屹立不搖，似包青天之風骨。

面對大山大海野放

在大陸旅遊，太多大山大海值得欣賞。但若有一人面對此景，有三種可能性：一、欣賞如此絕美之風景，太值得了，不虛此行，慢慢品味；二、如有人低頭不語，沉默太久，此要小心，有可能像屈原一樣投江自盡；三、如有人低頭，但兩手向前，臀部抽動，此可能戶外野放。

很不幸地，照片中為筆者，不知被哪一位攝影家拍到。我當時急如星火，實在無法忍受，只得在戶外面對山壁及大江野放，真是豪放一男子。但是不是真是我？再看看還真像！

世界各國如何稱呼廁所

世界各地去遊覽，飯不吃或少吃都可，唯一不可缺的是廁所。歐美常用的是 **Toilet or WC**，尤其 **Toilet**。有一次去德國，柏林圍牆附近找到一廁所，但是小便斗甚高（因為荷蘭、北歐、德國人都相當高大，故小便斗高，是方便當地人）。但對我們亞洲人個子小，五短身材，就難了！我勉強尚可勾到（我一七〇公分），如果個子小於一六〇公分，可能要隨身帶小板凳，才能解小便。

英文的 **WC**、**Toilet**、**bathroom**、**Lavatory**，都可表示廁所。**WC** 原先為 **water closet** 簡稱（水櫥、水櫃），歐美國家，不用此名詞，**bathroom** 亦少用，**Restroom** 北美國家仍用。**Toilet** 詞源於法語 **Toiilette**（香？可能因廁所太臭了，需加些香水）。至於 **Toaleta**、**Toalety** 在不同歐洲國家用不同名字，但都是指廁所 **Toilet**。

令人流連忘返的六星廁所

在埃及最後一晚，住最有名之開羅米納飯店，此飯店出名，是因二戰時期在此簽署「開羅宣言」。開羅宣言是美國總統羅斯福、中華民國政府委員會主席蔣中正和英國首相邱吉爾於二戰後期一九四三年十一月二十三日至十一月二十七日，在埃及首都開羅舉行會議，而在一九四三年十二月一日發表對日作戰的新聞公報。此公報重要內容：一、日本歸還第一次世界大戰以來，太平洋所佔的一切島嶼；二、日本自中國所得到領土如滿州、台灣及澎湖群島，應歸還中國。此宣言為中華民國光復台灣之法律基礎。

開羅米納飯店至今仍是高階飯店，但為了生存，旅行團體也接（國外許多五星級飯店常不接團客，因為有些團客水準差，在飯店內大呼小叫、穿個拖鞋到處亂跑、吃早餐滿盤皆食物，且常剩下菜）。飯店廁所是六星級，上個廁所

舒服極了！

其實二〇一五年參加北疆之旅，一路上都是野放、唱山歌（一邊上廁所，一邊唱山歌）。突然見一小鎮不遠之處，有一六星級廁所，廁所燈火通明，有高級沙發可坐，廁所播放優美華爾滋音樂可在內跳舞，洗手台有高級力士香皂。我隔十分鐘，速上兩次廁所，真是到了流連忘返的程度！奇怪，為何新疆有如此高廁（高級廁所）？可能當地土豪，做生意賺太多錢，沒處花，蓋間廁所，名留青史！

如廁，男人方便，女人大不便

二〇一五年九月參加巴爾幹半島旅遊。此為長程旅遊，且多為老年人。二、三個小時車程，導遊就要找廁所，然後放這些阿公阿嬤下來上廁所。然歐洲廁所少（不知歐洲人是否膀胱特大，如大水缸），粥少僧多，男孩較好，上廁所快則二、三十秒，而女性不然，脫衣拉褲就得一分鐘以上，有時月經來了，更麻煩。我們團隊有位先生，耳聰目明，他常不上正規廁所（尤其要錢），大部分都野放。而且只要一下車，野放目的地已找好。後來無廁可上時，我就盯著他，隨他而去，快且狠，一下子就解放了。此先生另一優點是任勞任怨，常替團內女士拎皮箱。他雖常出國，不習慣老外之飲食（我跟他相同），他帶米，每日煮飯。但衣服包括內衣、外衣各帶一套，難怪帶迷你皮箱。他出來不像旅遊，好像是過著陶淵明清淡之田野生活，我真是佩服他到五體投地！

公共衛生間，非豪華款

在大陸旅遊，我跑遍大江南北廁所，因為我是逢廁必上的老大爺（我的膀胱甚小，裝不下太多尿）。有次尿急上廁所時，看了一下廁所招牌，寫著「公共衛生間」，此意謂為一般大眾可上之廁所（通常不用錢，不像歐洲廁所，死要錢）。但中文旁，附上英文 common toilet，此 common 可能從公共二字翻譯而來，但老外翻 Toilet 即可，或 Public toilet 可能適合。因為 common 可翻成普通，意謂一般的廁所（不是豪華款），也許廁所不甚乾淨。英文宜加強之！要不然就別用英文，因為招牌上有男女兩者之標誌，外國人應知此為廁所。

野放，唱山歌

在國外旅遊，尤其是歐洲，最頭疼的事莫過於找廁所Toilet。老中不知何故？特愛上廁所（包括筆者），已到了逢廁必上之境界。說到老外，奇怪是否膀胱特大（像洗澡盆）？喝好幾瓶啤酒，也不上廁所。在國外見一公園，有狗休息之處（Dog parking），其實也是狗狗小便之處。而兩團員（一人為筆者），假借欣賞遠處風景，其實是上廁所（在大陸又叫唱山歌）。野放，真是舒服多了，比上臭氣沖天之汗廁好太多，順便可澆花施肥，一舉數得。

小便入池，達板城

小時候，唱王洛賓那首「達板城的姑娘辮子長呀，兩顆眼睛真漂亮……」。此原是一首維吾爾族的民謠，原名為《康巴爾罕》（Qambarxan），旨在表達維吾爾青年對一位名叫康巴爾罕美麗女子嚮往之情。歌曲的背景為新疆達板城地區。絲路旅遊接近首都烏魯木齊前，有一小鎮叫達板城，我問導遊可否下高速路到達板城看看是否有許多美女（此不在原參觀之行程）。導遊嫌麻煩，說了一句：「達板城姑娘都很黑也不美，你去看啥？」害得我原先之幻想完全破功。那首歌應改為「達板城的姑娘黑且不美呀……」。

路過一廁所，小便池上寫著的中文小便入池，尚平順得體，但偏加個英文 Urinating into the Pool。其實小便一般簡稱 pee，urinate 為正式名稱，民間很少用，絲路如只有二、三個外國人，也不必太正式了！

男洗手間，男小便間

有一次在蘇州上廁所，門口有男洗手間，它用Gentleman，進入裡面有一塊牌子上寫男小便間，還用英文Urinary Room，難不成還有一房間，叫男大便間，英文用stool room？真費事，不過也挺好玩的。一般廁所可用WC、rest room、wash room、toilet，很少會使用urinary room。

另外在一巴士站，第十五候車處站牌上寫「重點旅客」（照英文字VIP翻譯而來）。我心想我從台灣來，是否為「重點旅客」？何種層級才算？

廁所門口作廣告，一吃一拉，相得益彰

在洛陽一偏遠山區旅遊時，沒有標準公廁，只有民間家庭附帶的廁所。有一廁所入廁五角，但需翻牆才能入廁，真辛苦，翻不好摔一跤，搞不好屁滾尿流，狼狽不堪。另有一廁，稍微高級，入廁要二元，但廁所大門口還作一大廣告「魚香閣」，介紹吃飯地方，希望你上完廁所，即刻去隔壁吃飯。一拉一吃，配在一起，相得益彰！

全台最高之 7-11 廁所

請問全台灣最高之 7-11 廁所在何處？答案在南投清境國民賓館旁 7-11 內之廁所。

邊上廁所邊唱歌

在四川旅遊時，發現一廁所，較特別的是，在小便池牆壁上居然有些關於音樂樂器的圖像。另外更特別的是，當你小便時，牆壁上居然有五線譜，上面有小鳥，可跟著鳥兒一起唱歌。廁所乾淨又可唱KTV，真是幸福。有一沖水馬桶上面寫著CCTV，這不是中國中央電視台之簡稱（CCTV），難不成CCTV除了播報新聞外，尚作抽水馬桶，真是有趣。

輯七　飲食

到世界各地旅遊，
飲食也是一項挑戰。
不是所有的食物，都可以接受！
若真怕吃不了，
帶上泡麵吧！

秋風響，蟹腳癢

寧夏省，以出產優質之枸杞，為全國之冠，除了黃河水灌溉，主要是當地土壤為培育枸杞之溫床。最近新冠病毒流行，有關枸杞廣告趁機推出，可增強免疫力，抵抗病毒。中藥界認為枸杞有六大養生功效：一、延緩衰老，二、壯陽，三、美白養顏，四、養肝明目，五、補虛生精，六、抑癌防癌。周某已過七十，年老力衰、皮膚黑、目不明、精蟲少、性功能差，滿符合吃枸杞之條件。

去寧夏，有一天去國家認證的枸杞行銷館，全車人似乎都備好銀子，準備大肆採購。進入館中，先有人介紹枸杞在寧夏有關種植的面積、地點、何時採收、如何

處理做成各種枸杞成品（如枸杞茶）。在館外，有一棵枸杞樹（樣品），上面已有枸杞，導遊說可免費摘來吃，一群人手忙腳亂的採摘，我吃了一口，有點甜，像台灣枇杷。我有輕微糖尿病，就此打住不吃了。出館前，有各種枸杞的食品，我買了七、八包，也算是給導遊作個面子，其實我回來都送朋友了！當初想要用枸杞補補身子，回來後全忘了。另外，因我不喜歡中藥，故敬而遠之。

在大陸，秋天吃蟹算是高檔的事，有一家飯館，火紅推出「金秋蟹宴」，下面附帶二句「秋風響，蟹腳癢」，是有押韻，但人心不好，吃了蟹，蟹已經夠倒楣了，還說蟹腳癢，豈不怪哉！

不中不西，不是東西

寧夏鎮北堡影城，有古代的也有現代的。早期中國人愛喝酒，尤其騎馬走了大半天，忽見有「十里香酒鋪」，聞香下馬！但喝酒是有學問的，尤其喝醉了摔碗那更有學問，名曰《摔碗酒》，「一摔煩憂去，二摔恩仇抿，三摔姻緣好，四摔友情深，五摔鴻運來，六摔財源廣……」。鎮堡內，為了迎合現代年輕人，汽車酒吧、可口可樂，應有盡有，真是（不中不西），不是東西！

羊、人、禿鷹的食物鏈，禿鷹佔上風

在寧夏旅遊結束前，台灣領隊特別招待一大餐「烤全羊」。中國北方，西北因有草原、河流，是放牧好地方。除了牛、馬外，羊是當地飼養最多之動物。羊個性溫和，但頭腦不太靈光（不如牛），牛放牧後會自行返家，但羊常走失。塞外失物招領，第一名為羊，故羊需圈養。羊亂走時，牧羊犬需導正牠。但羊對人類貢獻太大了，綿羊毛可作毛衣、毛毯等。

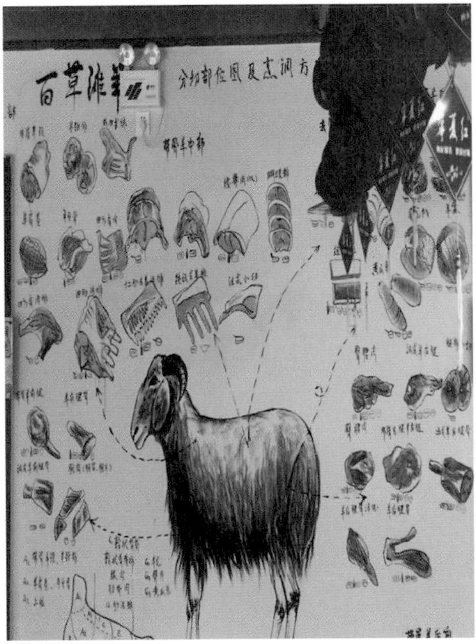

進入一中餐廳，以烤全羊出名。但一進門，牆壁上掛著一幅壁畫，敘述一隻羊宰殺後，有多少部位可吃；仔細一看，全身每一處皆可吃（除了肛門、生殖器外），事實上也有少數華人愛吃此部位，包括雞屁股等。如果一隻有靈性或人性的羊，進入此餐廳，看牠死亡後，被人吃的精光，僅剩骨頭，不知作何感想？

其實在藏族，人死後可能比羊更慘，因為人的天敵禿鷹，會將一個人的肉、血、骨頭吃的乾乾淨淨（骨頭先經過天葬師處理成一〇八小塊，易被禿鷹吞入）。如果按照生物循環理論，禿鷹仍較吃香，因為羊吃草、人吃羊、禿鷹吃人，但羊似乎無法吃到禿鷹，還是要靠人（人可用獵槍或弓箭射禿鷹），但是射下後也不敢吃禿鷹，因為禿鷹剛吃過人，那個死人可能得某種傳染病（如新冠病毒）。整體而言，禿鷹佔了上風。

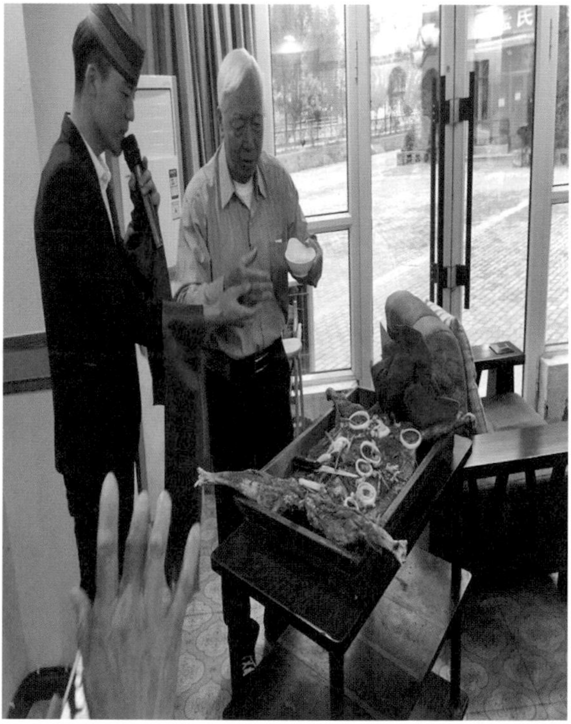

鳥類湊熱鬧

二〇〇八年在古巴旅遊時，有一次中餐在室外，享受屋外有藍天。當用餐一半時，樹上突有不知名之鳥類，在未通告我之下，灑下黃金，正好滴在小弟已啃一半的麵包上。

小弟已經不喜歡吃洋玩意（如麵包等），鳥類此時還來湊熱鬧，灑一些配料（Spices），真是不夠意思！

大腿咖啡

二〇〇九年去智利旅遊，第一天去首都聖地亞哥，可感受到拉丁民族之熱情。較有趣的是，街上有間店面內，有一家生意興隆的咖啡店，稱作「大腿咖啡」，英文名為Café Haiti。我被帶入內，才了解何謂「大腿咖啡」。咖啡好壞，事實上已不重要，重要的是有好幾位女性，穿著較少，尤其是下肢暴露，你可邊喝咖啡邊欣賞「大腿」，此即為大腿咖啡。

我走過世界各地，這還是頭一遭碰著，心裡自然高興不已。然遺憾的是，當日值班之小姐較肥，且大腿甚粗（大約有我的兩倍粗）；哪還有慢慢欣賞的慾望，勉強喝了半杯，已快不支倒地，與友人即匆匆離開。

老店熄燈

永福樓，台北市四十多年老字號飯店，也熄燈了！此在疫情前停掉，否則又會怪罪病毒（因疫情關係……）。其實一企業能長久存在，不會因疫情即結束，疫情可能是點燃最後一根稻草的引火種。永福樓我從年輕吃到老，此江浙菜館位在忠孝東路，地點又好，但飯店可能因師傅換人、老舊、菜色無法迎合年輕人，不能求新求變；加上房租太貴，客源減少（包括陸客不來），即無法撐下去。事實上，東區本身也沒落了！我在永福樓關閉之前，造訪四、五次，還在回憶往年客人多，喝酒吵鬧聊天之景象，然時不我予，也無可奈何！

說到房東，某名歌星在東區有許多房子租給人家。有一次帶助理去一店面坐坐，看到房子不錯，隨即對助理說，此房不錯，可買下！哪知助理說老闆，這是您的房子，您忘記了嗎？此歌星甚為尷尬，不買了，走吧！

不對胃口的韓國食物

去韓國開會，用餐與日本相同，都要坐著吃飯。我雖為風濕關節科名醫，兩條腿可爬山，但就是無法久坐或半蹲；坐久了腰痠背痛，要起來時，還得人扶著才可站起。

碰到東西好吃，也就算了，偏偏韓國食物，都不對我胃口，不是泡菜、石鍋燉飯就是人蔘雞、銅板烤肉。韓國，真是沒飲食文化的國家，居然還說年糕是他發明的。照片坐在最後而穿黃上衣為筆者，選了個牆邊坐著，反正也沒啥好吃，就聊聊天吧。

老大、老二誰的兔頭好

去山西八日遊，其中一處景點為大同雲崗石窟。晚上夜宿大同市。大同位於山西北部，晚上稍涼，與大妹出去閒逛，忽見一招牌「老大兔頭」，因新鮮且在台灣未見，在店門口看了半天，最後決定買了一隻兔頭（四元人民幣）。老闆說你二人才買一隻怎麼吃，我說一人一半，嘗鮮，他暗笑。因為當地人來買，一人都吃四、五隻，吃下去有點像吃豬腳。想著可愛的兔子，怎麼山西人捨得吃？還吃兔的頭。此街上開著「老大兔頭」，但此街對面開了一間「老二兔頭」。老大、老二誰的兔頭好，不知道，但老二名字不好聽，且我在家兄妹中排行老大，故我們選擇老大。

吃完素食無法幹活

中國佛教界有四大名山，包括山西五台山、安徽九華山、四川峨嵋山、浙江普陀山，我四座名山皆去過。五台山位於山西省東北部忻州市五台縣東北隅，位居中國四大佛教名山之首，被稱為「金五臺」，主要是文殊菩薩的道場，是世界佛教五大聖地之一。二〇〇九年被列入世界遺產名錄。

五台山有南山寺、顯通寺、塔院寺（有一座五台山的標誌性建築物大白塔、塔高五十六．四公尺）、菩薩頂（是一座藏傳佛教寺院）等著名寺廟。在參訪當中，見一立牌上寫著一盞明燈，下面寫著全素齋，此地看起來像佛教食堂。因為有外國遊客，一盞明燈直接譯成I ZHAN MING DENG，老外看得懂是英文字，但不知作啥？其實應寫為One Lantern Vegetarian Restaurant。在大陸某些英文翻譯不佳，常有文不對

題，畫蛇添足。

我在國內外，不喜愛素食，一聽到素食常兩腿發軟，因為素食無魚、肉、蝦，對我而言，吃完素食無法幹活。我以前曾去嘉義慈濟演講，中午用「明德素食」（全台灣醫院皆有明德素食），講到一半，體力不濟，兩腿無力，差點暈倒！

盤空，可救活一位米其林廚師

二〇一〇年五月參加歐洲骨鬆大會在佛羅倫斯之會議（中國譯為優雅名字為翡冷翠，Firenze）。此地為義大利中部塔斯卡尼區之首府，是歷史文化和商業中心。翡冷翠由來是徐志摩前往此渡假時，因欣賞當地湖山美景，觸動內心美的悸動，而將義大利語 Firenze 翻譯成翡冷翠，而寫下《翡冷翠的一夜》散文。在市區的聖母百花殿，為佛市之主教堂，屬哥德式風格，建於一二九六年，比較出名的是圓頂建築，一四三六年完工。

本團團員約十五人，有部分是家屬，其中之一為某教授夫婦。某教授為台大骨科名醫，尤其擅長做僵直性脊椎炎髖關節手術。他在二十年前曾當過風濕病學會理事長，而我當時為學會祕書長，有幸跟他三年。某教授除了手術一流，尤其講笑話更是一流（包括黃笑話），不打結、不皺眉、一氣呵成，是講笑話之特點（本學會阿彌陀佛黃醫師跟他比還差一些）。而他太太是他的基本群眾，愛笑，而且笑很大聲，如聽到室外特別的笑聲，就知道她已

準備大駕光臨了。

義大利以美食著名，老中又好吃，然筆者以前不愛義大利食物，只喜歡吃中式，在歐洲只能吃蛋炒飯。在義大利米其林三星級飯店用膳時上了三道（共七道），皆未食。此時導遊告訴我，如果許多人都不吃，主廚認為他自己的手藝不佳，會有可能跳樓自殺；聽完後，最後四道，一掃而空，此舉救活一位米其林廚師！

「角煮」，日式東坡肉

二〇一四年五月搭郵輪（與大妹二妹、二妹夫）從基隆出發，到日本別府、神戶、長崎下岸一遊。在郵輪上整日無事，不是吃、就是跳舞、打麻將。吃不用錢，來回不停地吃，想不胖也難。大妹喝杯咖啡，一人獨照，而我則忙著唱歌跳舞。我不喜歡日本人，但有一日本老婦（船上百分之九十都是台灣人，老中），獨自一人，沒人理她已有數日，最後看她太可憐，就邀她跳舞。但小弟不會日本語，故兩人跳舞，盡在不言中。跳完舞只會講塞又那那（日本語再見）。其實，再見意味不會再見，也不可能再見！

到長崎下船，路上一遊經過中國城，見一飯店門口寫著「角煮」，納悶半天，不敢入內，怕鬧笑話（角煮到底是中文滷豬腳或是蛋角？）。最後經查字典，才知角煮是一種杭州東坡肉在日本的變種（日式東坡肉），起源於明代杭州與九州的海上貿易，使東坡肉有機會流傳到日本。其實從小知道的長崎特產是長崎蛋糕，而對角煮完全陌生！所以說旅遊確實可增長見識！不是嗎？

叫花子雞

雞，是人們重要食物的一種。而叫花子雞前面叫花子，古語為乞丐意思，叫花子雞又稱富貴雞，江浙名菜。用一隻嫩母雞，把炒香的肉絲、筍絲、鮮蝦等餡料塞進雞肚內，用豬網油、荷葉包住雞身，再用泥巴塗滿整隻雞，放進土窯，烤至肉酥且爛而成。為何名為「叫花子雞」？相傳在江蘇常熟，有個叫花子，捉住一隻母雞，捧了田中爛泥土，塗滿整隻雞，在乾樹枝堆中燒烤，敲掉泥土，雞肉爛而酥，此即為叫花雞由來。洪七公曾是丐幫幫主，一生唯一的愛好就是吃，而叫花子雞是他的最愛，故有洪七公叫花子雞。

在雲南昆明旅遊時，有一飯店門口鐵籠內有一窩子待宰的土雞，老闆怕人家不識

貨，籠子上寫「本地土雞」。而街頭有一招牌寫著「媽媽咪呀」，我以為此內有歌劇《媽媽咪呀》表演，結果是賣我最討厭的pizza。

而昆明大觀樓景區內有一店賣珍珠奶茶，此為台灣名產，且少數輸出至他國的飲料。但個人不甚喜好，因高糖、高能量的飲料，其實是不健康的。君不見台北街頭，年輕人左捧手機，右捧珍珠奶茶或其它的飲料！年輕人有本錢亂吃亂看，到了老年人，糖尿病、高血脂、白內障、青光眼，就會光臨這些曾經年輕的人！政府有責任提醒百姓，尤其年輕人注意。

揚州煮干絲，河豚宴

煙花三月下揚州，陰曆三月，桃花盛開。瘦西湖，百花齊放，桃柳成蔭。揚州又以小吃出名，屬於淮揚菜系。揚州煮干絲屬於蘇菜中佼佼者，色澤美觀、外表潔白、湯汁濃厚（雞湯）、味鮮可口。作法是用土雞半隻、豆腐乾、鮮蝦、鹹肉、生菜、薑蔥合煮而成。

至於吃河豚，原以為只有日本人吃，但事實上，民國初年，揚州一帶盛行河豚宴。我曾在日本吃過一次，因河豚有毒，必須有執照之河豚師才能料理。但我第一次吃時不放心，先等團員吃了半小時皆無中毒才敢嚐嚐！我不知道為何日本人愛吃河豚？因為河豚料理哪有我們中式紅燒黃魚、清蒸鱸魚、石斑魚好吃。而揚州河豚的廚師們有一條行規，一道河豚上來時，必須由大廚吃第一口，過半小時平安無事，客人方能動筷子。至於是否有解毒藥（解河豚毒之藥），不得而知！

像老牛皮一樣難搞，牛皮糖

揚州瘦西湖，我去過四回，每次都是煙花三月下揚州。乾隆下江南必去揚州。揚州有八怪，是清康熙至乾隆末年活耀於揚州地區一批風格相近的畫家總稱，包括金農、鄭燮、黃慎、李鱓、李方膺、汪士慎、羅聘、高翔，還有美女、淮陽名菜等。小食包括牛皮糖（麥芽糖做成），此糖甚甜，黏牙齒，有時吃完後，吃進去不多，全黏在牙上，還得費功夫清牙齒，真像老牛皮一樣難搞，故名牛皮糖。

大陸除了捷安特（台灣品牌）單車外，尚有電動腳踏車。其實大陸十年前已有環保概念，市區內不得騎傳統摩托車，而用電動車取代。反觀台灣傳統摩托車越來越多，製造空氣汙染、肺腺癌。但政府不用心，因為每兩年要拚選舉，不願得罪廣大摩托車族群，尤其年輕人，有影響力的醫界人士（大部分偏綠）也不敢出聲！

宗教不分國界，揚州大明寺特請台灣星雲法師去講道、祈福，星雲法師講道時，全場爆滿，除了他一口揚州腔外，他酷似彌勒佛，圓滿肥胖，甚得人心！

鴨料理，南京

南京夫子廟附近，以小吃聞名，包括鹽水鴨、板鴨、鴨血粉絲湯、鴨蒸肝、鴨腸，全是跟鴨子有關！鹽水鴨是中國南京特產的一種滷水鴨，口味清淡而略帶鹹味，肥而不膩，鮮嫩味美，以農曆八月間桂花盛開時製作的是上等，因為肉內有桂花香味，又名桂花鴨。其實吃鴨已有一千年歷史，鹽水鴨在清朝末年已流行。

南京城，鹽水鴨製作過程為一、熱鹽擦，二、清滷製、三、燒得乾，四、焐得足。另外一種板鴨，則製程時間更長，有時需一個月。我二叔軍中退休後，在屏東勝利市場開鴨子店，逢年過節我都去買！在南京姑姑家中作客，不停地餵我吃鹽水鴨；而我血壓高，生怕吃了太鹹的東西，血壓太高、血管破裂，在老家一命嗚呼。

夫子廟有一家鴨血粉絲湯店（此鴨血粉絲湯亦為南京道地小吃），一碗約人民幣十元，居然吃鴨血湯送一籠小籠包（約十五元），我看八成先騙你入內再說！

赫爾辛基的圓山飯店

從愛沙尼亞（北歐三小國）搭郵輪到我二妹女兒芬蘭赫爾辛基家中作客，他們住在算是郊外稍熱鬧地方。但晚上八點以後街上無人，只見一些醉鬼，像僵屍一樣到處亂走，想跟路人搭訕，卻無人可遇，難怪以喝酒解愁。其實喝了以後愁更愁。百貨公司四、五點即準備下班，哪像台灣吃了晚餐，沒事可去ＫＴＶ唱歌，肚子餓了，再到夜市逛逛，哪會得憂鬱症！

我每到歐洲任何城市，除了找廁所，就是找中式飯店。在赫爾辛基，尚有數家中餐館，有一家叫圓山飯店，但跟台灣圓山大飯店無法相比！埃及開羅，也有一家圓山飯店，那更難吃！此次在芬蘭，我的女兒、女婿從加拿大過來會合，我們中午吃一家中式自助餐。我的洋女婿看似個頭大，吃中式熱食毛病特多。有一次在台北帶他去鼎泰豐吃小籠包，此包子送到面前，我三十秒解決一個，趁熱吃才夠味！而女婿則要等到包子全涼才敢吃。我已吃了十個，他一個還沒吃完，真是浪費我的青春、時間！

貓屎咖啡，何種味道？

貓屎咖啡，何種味道？請君一嚐，便知分曉。

走在廣州街上想喝咖啡，尋尋覓覓，只找到貓屎咖啡，硬著頭皮一杯下肚，就是咖啡，哪有貓屎味？

為了表示熱誠之服務，還加了句英文 warm service without borders，無國界，服務到位，已經昇華到全世界。

夾層內置入大量番茄醬的魚堡，西班牙

二〇〇七年六月去西班牙巴塞隆納參加歐洲風濕病年會，結束後，我單獨自行前往西班牙南部賽維爾城市旅遊。第二天本安排參加塞城城市觀光，但被放鴿子（此在西班牙常見之事）。只好帶著地圖，自行觀光。沿著河邊走，在下午走四小時後，肚子已餓、兩腿已軟，好不容易看見麥當勞大飯店（事實上是麥當勞店），迫不及待飛奔而入。照例，我點了平日一成不變的 **fish filet**（魚堡），櫃台一位小胖妹問我要不要番茄醬（**ketchup**），我說「不要！」她給我了三包，我生平不愛吃 **ketchup**，從不拿 **ketchup**，然當咬一口魚堡，怪怪！夾層內已置入大量之 **ketchup**，害我作嘔想吐。

我曾環遊世界五大洲，走過四、五十個以上之國家，從未見如此惡劣地將番茄醬放入魚堡內，只有西班牙人膽大包天敢如此做，害我當晚只吃薯條及可樂。然看著鄰桌二十多位小朋友在過慶生會，有說有笑，旁邊家長陪著笑臉，我終於開懷一些。

看看國外的小孩，從〇歲到十八歲以前正常地生長、發育、生活、運動、休閒，

再看看國內小孩從〇歲到四歲以前是正常，五歲開始到二十二歲大學畢業為止，皆過著念書、補習、打電腦、打電動等不正常地生活。家長逼、學校逼、社會逼、自己逼，使得小孩過著機器般地生活。麥當勞內小孩們嬉戲、大人們聊天兼炫耀，都說自己家的寶貝如何可愛、美麗。有一位長得很醜的媽媽，拿出一張她女兒二歲之照片給他人觀賞，當然鄰居非說些假話，來稱讚她多美麗。然不經意地，照片居然讓我瞄到，唉！我的天！這麼醜的小孩照片，居然敢堂而皇之地拿出來炫耀。事實上，看看照片小孩的娘，也可反映大多時間遺傳常主導一切。到麥當勞大飯店，居然有這麼多事讓我去想，下次當思想家時，就到麥當勞內沉思。

第二天我們到達Alhambra（阿宮）去旅遊，Alhambra（阿宮）在阿拉伯語為「紅城」之意，此為十三世紀統治格拉那達的總督穆罕默德與其後代子孫共同興建。因為後山終年有山泉流下，故此處花木扶疏茂盛，且大量建造噴泉，使得庭園更有看頭。在阿拉伯人的夢想中，要將此地建為一天堂樂園（paradise），他們其實也達到一定之目標。在這世界上，白種人並非任何都是最優越的，如文化、藝術，阿拉伯回教民族許多方面與白種人是不相上下，阿宮即為一典範。照片中玫瑰花加古堡，美不勝收，人間仙境，無話可說。

上海本幫菜

我雖為南京人，但因兒子曾在蘇州工作，及經常去上海開會、演講，所以也算半個上海人。

我的專長甚多，其中之一項為「吃」。上海本幫菜，指的是上海在地傳統家常口味的料理，上海口味有點偏甜的鹹食。二〇一七年四月去上海，與家人某晚去上海一號菜館用上海菜。為何常光顧上海菜？其一是好吃，一是在大陸已跑遍大江南北吃遍四方，上館子點菜頗有心得。要好吃又不會太貴，那真是一門學問。

通常飯店內有些夥計很現實（在上海待久，會變得較現實），看著我點的菜沒有太名貴，臉色就不好看，我其實不管他們，當然更不看他那張難看的臉。我點了一道鹹肉蒸黃魚、青江菜菜心、蔥油拌雞、四個老上海生煎包，數量不多，

但都是道地上海菜小點心。

我愛吃上海生煎包，多汁、鮮美，在上海最有名的是「小強生煎包」，現在上海機場都有店。四個煎包加上油豆腐細粉（三、四十元人民幣）即可打發我！上海還有一道「鰣魚」料理，在台灣已吃不到。此魚重點是吃它的鱗片（帶油、鹹鹹的），在台北夜上海餐廳（一〇一新光三越百貨公司內）偶爾可吃到。如果你買了鰣魚，把鱗片給刮掉，那你真沒學問，一條上千元的魚，就這樣糟蹋掉了！

開羅飯店大開吃戒

二〇一五年一月去埃及旅遊，埃及為文明古國。某日我們停留在有歷史之飯店（開羅飯店），當初開羅宣言即在此飯店簽訂。當然一晚住宿不便宜，用餐得多吃點才划算。第二天早上，周某挺個大肚子用早點，為了不吃虧，硬是吃多點，當然肚子大是有原因的。猶記二、三十歲，腰僅有二十六、七吋，為楊柳腰，現在已有三十六吋為水桶腰，且逐年增加一吋。世事難料，我做夢沒想到，年屆七十，肚子大得跟懷孕六月沒兩樣。

傳統火鍋店

大陸近年經濟起飛，人民生活富裕，以前不太重視之耶誕節，也開始裝扮起來。我生性好吃，為美食專家，逛街時看到傳統火鍋店（中間燒木炭）即入內。有傳統涮羊肉、有酸菜白肉鍋，因我不愛吃酸白菜，故點傳統涮羊肉。

以前有名火鍋店為北京東來順，現在已被海底撈超越。海底撈除了吃火鍋還有玩麵條、四川劇變臉等餘興節目，尤其是變臉，看得大家目瞪口呆，火鍋也不吃了。

包子就是包子，遵循古法較適合老中

石牌夜市附近商店甚多，但要長久維持經營不甚容易。十年前，不知哪個又勇敢又傻的老闆，開了一家包子店（取名包子先生，還冠上英文 Mr. Booz，想吸引老外）。我愛吃包子，但以傳統包子為主，如肉包、豆沙包、筍丁包，但此位老闆標新立異，包子內餡亂放，如芥末等。吃下去命都快沒了！我預測它會倒店，結果不到半年即關門（一年存活率為零百分比，英文為 one year survival 0%）。老闆還標新立異，用英文 since（如 since 2010，表示從二〇一〇年開始）。Since 不能亂用，一般開店四、五十年以上才用 since。它才開張就用 since，結果半年倒店，真是貽笑大方了！包子就是包子，遵循古法較適合老中。

哈密甜瓜

哈密甜瓜威名滿天！

哈密瓜，古時候常拿來進貢皇帝，甜度太甜，不得糖尿病才怪（相信古時候皇帝得糖尿病患者應相當多），動物亦然（也會得糖尿病）。

圖中狗吃太多哈密瓜，血糖過高，引發糖尿病昏迷，一命嗚呼。慎之！慎之！

泰山三美缺一美

在山東泰山有一街，名為天街，一行人到此已近正午。天街上沒啥好買，倒是飢腸轆轆，見一小店前有一師傅，在一大圓盤前做餅，因在台灣未見此奇怪的機器，故駐足留觀甚久。最後忍不住，一人買一餅嚐嚐，反正新鮮，其實還沒我們台灣蔥油餅好吃，但肚餓就不管了。

吃完了餅，小店的老闆又鼓動他的脣舌，希望我們一群人入內吃正式中飯，且品嘗他們泰山之招牌菜——「泰山三美」，其實說穿了，即為一大碗湯。

我們期待了半天，湯上來了，一

碗很貴的湯（六十元人民幣），內只有大白菜、豆腐，怎麼缺一樣（不是說三美）？心想老闆一定遺忘最重要的食材（如干貝、龍蝦等），急忙召喚老闆問：「為何泰山三美缺一美？」

他笑咪咪的說：我們泰山三美，除了大白菜、豆腐外，最美的為「水」。君不見湯如此清澈，是因泰山水質關係。其實泰山的水是從泰山山腳下，民工用兩條腿，爬了一千多台階送上來的。光憑此點，即知泰山的水為何最美。

我們終於有撥雲見日的感覺，雖不滿意，但可接受。我這位學者，為思想純潔之小市民，終究不敵做「生意」的商人靈光，一張嘴可吃四方。

十里香、串串香

藏族之家牛羊最多，寒冬之際冰冷異常。夜市小販販賣串串烤肉，十里香、串串香，看不要錢，但烤肉串都放胡椒，也放孜然香料，因我無法忍受，一聞此味哪裡是香？我即使不吃，聞其味也會吐！還是走遠點，十里香、串串噁！

雷東多海灘吃海鮮

每年都要去一次洛杉磯（LA）、或舊金山（因為要從二處轉機去看女兒）。在LA停留時，也常去雷東多海灘（Redondo beach），此beach是美國加州LA下屬的一個城市，前幾年人多，但最近人潮少許多。

去beach最重要之目的是吃海鮮，尤其有一家韓式海鮮餐廳，我吃過兩次，特別是螃蟹crab大餐，但此韓國人開的餐廳，人很多但態度不佳。老中較少，都是老韓（韓國人基本上是愛國的）。每次點完餐，都要先排隊繳完錢（怕你吃霸王餐），食物才送達到你口中。我在美國給小費是不落人後，但因此餐廳如此的服務，不給小費了！但又怕服務人員看到沒面子，趁著小便時，從廁所開溜了。勸老中別去

韓式飯館用餐。

在LA環球影城遊玩，突遇兩位踩高蹺女士向我揮手，我也順其自然與她們合照，其實踩高蹺，又稱踏高腳，相傳起源於春秋戰國時代，宋朝時最流行，也是一種古老的舞蹈，過了幾千年，老美老法都學老中。在台灣許多傳統的文化及技藝皆已流失，政府不注重，讓他們這些表演團體無用武之地，包括舞龍舞獅跑旱船，過年也沒有任何傳統表演，年青人過年都出國了。其實傳統春節，大家應留台灣，而政府在過年期間可贊助傳統藝術文化表演，使得文化可一代一代傳下去，否則即沒落了！君不見疫情期間連故宮都沒人去了！

輯八　歷史文化

除了大自然外，
世界各地景物多與歷史文化有關！
所以事先了解當地的歷史文化，
在旅遊時，更能身入其境！

從木乃伊發現僵直性脊椎炎

古埃及為四大文明古國之一，留下大多為歷史之古蹟及遺產，尤其法老王強盛時期。二〇一五年我們兄妹四人去埃及遊玩，從開羅搭火車到南方大城亞斯文。開羅是埃及首都，其車站真是亂得可以，要上哪班車卻不知，幸好跟著旅行團衝上了火車。夜車為臥鋪艙，四人一間，正好可容下我們兄妹四人。從開羅到亞斯文約十至十二小時，但埃及車子常誤點，正常時間到達，反而是不正常。我們覺得長夜漫漫，二妹夫提議打麻將。車廂內甚窄，他把行李箱擺平當桌子、垃圾桶當椅子，就正式開戰。我打麻將是低手十打九輸，此次也不例外，好不容易做了大牌（清一色），已聽牌時忽然間火車緊急煞車，桌上麻將牌瞬間掉落，一副好牌全沒了！這就是是命。

火車延遲三小時到亞斯文。昨晚夜未眠，第二天早上要去阿布辛貝參觀，清晨二、三點起床趕夜間車，在二位警衛押車下，迷迷糊糊往阿布辛貝移動，為何有警衛？為何要半夜偷偷摸摸？不得而知（可能怕恐怖分子）。早上六點抵達阿布辛貝，主要參觀神殿，此神殿是埃及不可一世之法老王——拉美西斯二世為自己所蓋的神殿

（Adu Simbel Temples），非常壯觀。

在此告訴大家一個祕密，拉美西斯二世家族內有僵直性脊椎炎病史，此可從保存之古代木乃伊中確認。僵直性脊椎炎應為一古老早已存在與遺傳基因有關之風濕病。此病以侵犯脊椎為主，嚴重者可造成脊椎粘黏、駝背，類似鐘樓怪人之模樣。而此病正是我的專長（我個人研究僵直性脊椎炎已有三十年）。埃及考古學家要驗證古埃及人是否有此病，應請我當他們的顧問。

有一次去開羅歷史博物館參觀，門票甚貴，連上廁所小便也要收錢，真是死要錢的國家！門票僅包括參觀部分名人之木乃伊，但要參觀如拉美西斯二世或圖坦卡門等人，則需另外買門票，真是坑人！但賣門票者看我觀望甚久不買票，建議我如不想花錢，可免費參觀動物的木乃伊，如狗、貓、鱷魚等。老天爺，我是來看古埃及帝王的木乃伊，誰想看貓、狗動物的木乃伊。況且這些貓狗，歷史上未留名！

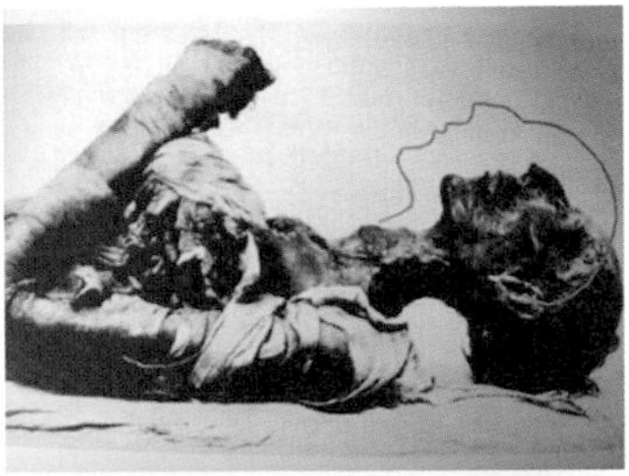

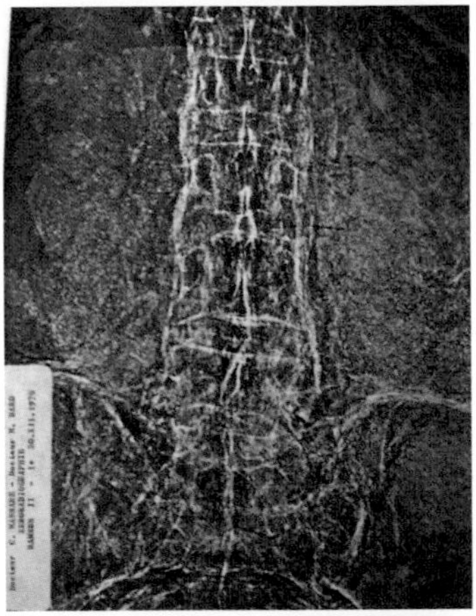

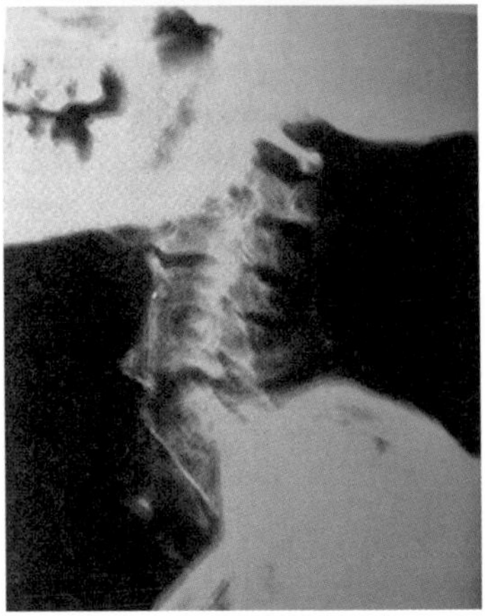

東歪西斜樓，福建土樓

福建土樓，是指閩西南獨有不加工的生土，築成生土牆壁，所構成的群居和防衛合一的大型樓房。建於宋元明末清代。總數三千餘座。我在前幾年福建漳州演講後，前去裕昌土樓，此為七百年歷史的圓形土樓（建於元朝中期一三〇八～一三三八年）。高五層每層五十四間房，樓內三、四層迴廊支柱，朝順時針方向傾倒；而五層迴廊支柱，朝逆時針方向傾倒，因此俗稱「東歪西斜樓」，而不稱「東倒西歪樓」。

另外有四個圓頂土樓在一起，中間另有正方形頂之土樓，當地人稱為「四菜一湯」。此土樓大部分為客家人後代，凝聚力強，牆壁厚且硬，可抵擋外人入侵。唯一缺點是家家戶戶挨近，小孩哭聲、大人叫聲、牛羊吼聲，全部人都聽得到，想不聽也

難。土樓未來還能存在幾百年嗎？年輕一代，想住在此嗎？無論如何，走過了七百年歷史，房子東倒西歪也沒倒掉，真不容易了。

裕昌楼——建于元朝中期（1308–1338年）

李白母親的故鄉，吉爾吉斯

吉爾吉斯是某次去中亞五國之旅最後一站。我原先對吉爾吉斯完全無印象，只等到導遊說吉爾吉斯是唐代大詩人李白母親輩之故鄉，我才了解此小國真是重要。李白的祖先（媽媽那邊）是吉爾吉斯碎葉城人，碎葉城及龜茲、疏勒、于田並稱為唐代安西四鎮，是絲路一重要城鎮。李白父親為絲路商人，娶了有胡人血統的李白媽媽，故李白面貌與漢人不同，身材稍高大，但才高八斗。隨便點三首詩「床前明月光，疑似地上霜，舉頭望明月，低頭思故鄉」、「故人西辭黃鶴樓，

煙花三月下揚州，孤帆遠影碧空盡，惟見長江天際流」、「古來聖賢皆寂寞，唯有飲者留其名」。

李白一輩子喝酒，據說喝酒才能詩興大發，我相信李白應該得過痛風關節炎，此病與喝酒有密切相關。我無法恭逢其時，否則李白應找我看病，因為痛風是我的專長！

商女不知亡國恨

郵輪停靠長崎，我們下船去岸邊街上走走。長崎在我印象中有二點：第一為小時候吃長崎蛋糕（大了，改吃一之鄉蛋糕）。另一為一九四五年美軍於八月九日上午十一時二分原子彈轟炸長崎。當時長崎人口二十四萬，最後死亡十四萬九千人，百分之三十六建築物燒毀或破壞，而日本於八月十五日正式宣布投降。之後日本在爆炸地點建立和平公園（日語為平和公園）。

此公園一九五二年完成，日本每年八月九日在此有紀念活動。但日本仍對以前侵犯的亞洲國家如中國、韓國、新加坡、菲律賓、馬來西亞的罪行並無道歉。我的祖籍南京，從小就聽聞南京大屠殺，日本人殘暴之罪行，故一直對日本存有不太好的印象。看到現在台灣年輕人，不讀歷史還一味去日本觀光、買日本車、學日本語、唱日本歌，真是印證以前有一句古詩「商女不知亡國恨」。我買車都避開買日本車，歷史之教訓，應不能忘記。

寧夏，鄭和紀念館

鄭和一三七一年出生於雲南昆陽州的一個世代信奉伊斯蘭的回族家庭裡，鄭和原姓馬，一三八一年朱元璋發動統一雲南戰爭，鄭和父親戰死，而十一歲鄭和被明軍俘虜，遭到閹割，送到北平燕王朱棣府上當宦官。鄭和因曾輔佐三帝被封為三寶太監。一四〇五年鄭和奉命下西洋，而一四三一年為第七次下西洋，而在一四三三年航行到古里附近時，因病逝世。鄭和下西洋，最多船隻有二百多艘，人員二萬七千人，航線有四十多條，航程十六萬海里，是古代航海史上人數最多，行動範圍最遠的遠洋航行活動，比哥倫布發現新大陸早九十二年。

為何寧夏有鄭和紀念館，可能為寧夏省是

大陸第一個回族自治區，而鄭和家族信奉伊斯蘭教（即回教）有關。銀川有許多清真大寺，包括最後參觀西關清真大寺，當地導遊帶我們此團，簡單介紹了此大寺。我也忘了此寺有何特點，唯一記得的是，在此寺有一採購站。大家進入後，像發現新大陸一樣拚命地買，我當然也不落人後，也買了一個羊皮作的帽子（台灣沒有），戴上去真是像極了古代方丈或員外。晚上逛街，銀川有一處夜景真是太光彩炫爛，城里的月光有此夜景襯托，真是美極了！

越南風土人情與台灣相似

越南風土人情與台灣非常相似。台灣人吃「米粉」，越南人吃「河粉」。台灣人吃路邊攤，小桌、小板凳（代表作為台南擔仔麵攤），越南人亦然。且越南人長相與華人相近，越南外勞逃跑很難追回，而印尼外勞則容易找到，因為長相的關係。你看路邊吃河粉年輕人，如不說，你以為在台灣。

另外越南街上，尚有一景為摩托車大隊，比台灣有過之而無不及，尤其在等紅綠燈路口。而越南河內，紅綠燈變化很快（有時二十秒就綠變紅），害我這位老先生在過路口，都要用小跑步，免得摩托車往我這老弱的身軀衝撞，非死即傷！有夠恐怖，台灣亦然。此政府有責任在都會地區，限制摩托車數量，或仿效大陸，都市全部只能騎電動摩托車，以減少空氣汙染。君不見台灣肺腺癌流行率一直在增加（內人因肺腺癌過世），摩托車可能扮演某種角色。

昇龍戲院水上木偶表演，越南河內

越南河內，似乎沒什麼引人入勝的地方。除了吃當地河粉外，水上木偶戲是當地的特色，也是全世界獨一無二的。此戲院名為「昇龍」，成立於一九六九年十月，旨在發揚越南長達千年的水上木偶表演，此舞台建於水池上。表演者於後台用竹竿與長線來操縱木偶，會使用噴水、爆竹、煙霧來製造特效，旁邊有樂園演奏。其實中國、歐洲早已有木偶劇表演，但都在陸地上，越南在水上、水內較特別，我已看過二

次，再看就興致不高。

散場後，到對面劍湖走走，老遠即見到許多中文字「福」、「祿」、「高山仰止」，這個我就感到有興趣了，表示曾有中國人來此，或中國文化影響到此地。至於越南祖先從何而來？有一說是從中國，公元前三到四世紀時，中國南方出現很多越族人（如顛越、東越、南越），這些人統稱為駱越人。駱越人後來遷移到越南，成為越南人的祖先。如今越南人不知何故，討厭中國人，那是否也間接討厭了他們的老祖宗！越南人相當崇日崇美反中，跟台灣有點類似。但越南人別忘記越戰時，老美殺了多少越南人，重創越南經濟、農業。過了幾十年全忘光了，反而討厭鄰近的中國，真不知作何想法。

西夏王朝

西夏王朝，在中國歷史上有其獨特之地位。唐末，夏州党項首領拓跋思恭率部隊參與平定黃巢起義，因功被唐王封為夏國公賜李姓。北宋初期，党項首領繼位於寧夏、綏遠等地。一〇三八年李元昊稱帝，他英明偉大，仿唐宋制度、定律法、設官制。蒙古成吉思汗一心想消滅西夏王朝，攻打四、五次，都無法得逞；而成吉思汗因積勞、受傷死於半路上（以前偉人死亡都必須寫積勞成疾，如諸葛亮、國父孫中山，包括成吉思汗等）。

一千年前無法診斷偉人是否有糖尿病、高血壓、高血脂症、高尿酸血症，尤其在蒙古地區，上述慢性病可能吃甜食過多（糖尿病），吃鹽巴太多（高血壓），喝酒太多（痛風），羊奶、牛奶喝太多（膽固醇過高症）。如果一個人有二、三個上述慢性病，加上沒治療，也不知飲食控制（那時候也沒有糖尿病衛教護士），故許多人可能因心血管疾病（心肌梗塞）或腦血管疾病（中風），加上夜夜春宵（大官為之，縱慾過度），一下子就可能一命嗚呼。當時只有中醫（隨隊醫官），慢慢把脈、慢慢思考、慢慢處方，而病人就急急死亡或半身不遂。但西夏王朝因重教育、重文化（它自己有改良之

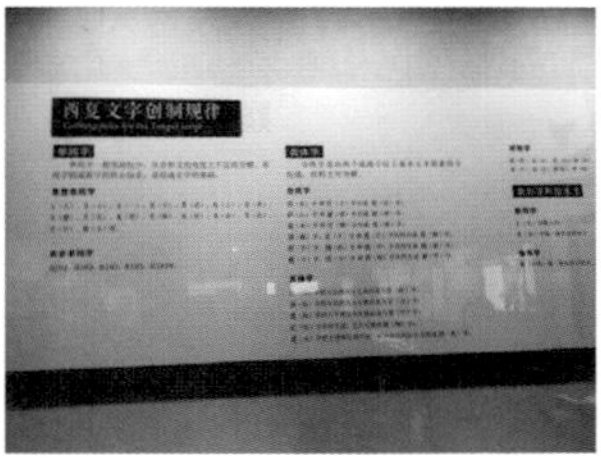

文字）、重律法，故可抵擋蒙軍一陣子，但仍於一二二七年被蒙古所滅（西夏王朝歷時一百九十年）。

蒙古大軍之潛規則，如果攻城，城主立即投降，則不殺任何一人，如反抗（尤其是成吉思汗因攻打西夏而亡），則屠城至一人不剩，至此，西夏就滅亡了（二戰時，西班牙南方格瑞那達老百姓及地方政府，家中普遍有白旗，德軍來時，迅速地舉白旗投降，因此許多名勝古蹟得以保存）！而西夏王死後陵寢，跟唐漢比寒酸太多，只是一個大土丘（土丘大小根據你的職位）。

古時候盜墓者多，但盜墓者一看到此破土丘，就知土丘內僅一具遺體，大概沒啥好盜，算了。故目前為止，土丘保持完整，應是由於西夏王勤儉持家，身後不要太豪華所致。

須彌山石窟，寧夏

中國古代有四大石窟，但不包括寧夏須彌山石窟，趙樸初曾為此石窟題字為絲路佛光。趙樸初為何人也？趙樸初，除了是一位著名的書法家，還是著名佛教界的領袖人物。故有石刻、書法及佛教文物、景點要請大師題字，趙樸初是首選人物，如普陀山佛教勝地之牌坊。中國各地的佛教勝地皆看到趙樸初的提名，他是大師，無話可說。但台灣許多政治人物，在特別的新建築物上也喜將自己的名字刻上，以為可以留千秋萬世，殊不知一般建築物（如房子），四、五十年後可能就重新再建（或都更），此時你的名字也隨著怪手毀於一旦，故不要隨便留名。因為你我名氣不夠大，幾十年後，年輕一代誰認識你！

其實古絲路或稱絲綢之路，是指西漢（前二〇二～一三八年），由張騫出使西域開闢長安（今西安）為起點，經甘肅、寧夏、新疆到中亞、西亞，並連結地中海各國

的陸上通道。今大陸所推展的「一帶一路」，包括陸上絲綢之路及海上絲綢之路，有點模仿漢朝所進行橫貫歐亞大陸的貿易路線。因寧夏為絲路必經之地，故有佛教石窟，其外有大佛，內有佛教相關之壁畫。這些石窟之存在，確實保存佛教文化、歷史。大部分石窟為北周、隋、唐所開挖的，而上述三個朝代，正是佛教最興盛的年代，至於是否有鱷魚拜佛？那僅限於傳說。

古羅馬時期的蹲坐馬桶

十六湖遊玩後，第二天去克羅埃西亞第五大城市札達爾，也是克國有人居住非常古老之城市，位於亞得里亞海岸。札達爾曾是羅馬帝國達爾馬齊亞省的首府，希區考克大導演認為札達爾的夕陽是全世界最美麗的夕陽。在市區處處可見古羅馬的遺跡，包括鐘樓及聖羅倫斯教室、聖吉索岡教堂。

在一處小型羅馬遺跡中，導遊特別介紹古羅馬時期，當時已經有蹲坐馬桶之概念。用石頭作成圓桶，人們坐在上面排便，下面有下水道沖走。導遊說完，一群團員即對號入座，我也不落人後，亦有模有樣坐在上面，只是不能坐太久，否則即有便意。

馬丘比丘，祕魯印加帝國的遺跡

二〇一九年年底，我有機會去南美祕魯及玻利維亞旅遊。祕魯最著名之景點為馬丘比丘（Machu Picchu），意為古老的山。是祕魯一個著名哥倫布時期印加帝國的遺跡，位於北方庫斯科一百三十公里處。整個遺跡高聳在海拔二千四百公尺的山脊上，俯瞰著烏魯班巴河谷，是世界新七大奇蹟之一，發現時間為一九一一年。在一九八三年，馬丘比丘被聯合國教科文組織訂為世界遺產（為文化與自然的雙重遺產）。

我們坐火車從庫斯科前往馬丘比丘約三小時，車上全是從世界各地前來之觀光客，僅少數為當地人。祕魯是南美洲西部的一個國家，有百分之四十七的人口屬原住民族，經歷了

四百年強大的印加帝國。十六世紀西班牙帝國征服印加帝國，一八二一年祕魯獨立。祕魯原住民喜愛戴高帽或西部牛仔帽。歐美中老年人亦喜戴帽子，但他們部分是禿頭，而戴帽可遮醜。台灣年輕人學老美亦喜戴帽子，你問他戴帽子是幹啥？他說不為幹啥？只為追求時髦！我說你最好學祕魯原住民戴「高帽」，不只追求時髦，更加引人注意！

在馬丘比丘返途中，坐火車時，火車列車長及女服務人員配合著音樂走服裝秀，大家拚命拍照鼓掌（不用錢）。等秀結束後，開始推銷當地之羊駝做的毛衣、大衣時，大家都噤不出聲，叫賣了十分鐘，沒一個團員購買。

我了解祕魯是一窮國家，在此尷尬情況下，只有筆者展開即刻救援（連恩尼遜電影看太多了）。一件輕薄之羊駝毛衣美金五百元，狠下心買了！他們沒刷卡機，毛衣沒大號現貨（我有點像祕魯原住民，稍肥）。等火車一到庫斯科，火車工作人員即刻去庫房調貨，順便刷卡。我因有銀聯卡（刷大陸存款），比較不心疼。但日行一善，也算功德一件，會有好報的，未來！

日本人，喜白不喜紅

日本民族性與華人不同。第一次去日本見到一宮廟內有穿白衣服的女性及頭頂上掛著白布條，稍一不慎以為他們家辦喪事，殊不知他們在辦喜事。華人結婚喜用紅色布條，身上穿紅衣服（古代）、戴紅帽。日本早期漢化，學不少中國人之民俗及中文字體，但偏偏結婚就不穿紅，而穿白。事實上日本人對白特別偏好，君不見日本街上，百分之七十以上汽車皆為白色。日本人愛乾淨，白色汽車一髒就得擦；而老中不愛乾淨，汽車買黑的、紅的，一年半載也不用擦汽車。

日本字體中有許多漢字，路過一店，上有「炙」字，非常像中國針灸的「灸」字。最近身體常痠疼，可針灸一下，然一問門口服務人

員，他用很破的英文說，此店為飯店（eating house），英文 Restaurant 不會說，飯店還說成 eating house。我到香港、馬來西亞、新加坡，不敢秀自己的英文，然到日本，我可大秀一下英文。日本很多地方勝過我們，但可惜英文不太靈光。

某次看到一店有賣一食物，全名為「米克斯地艾斯克淋母」，想了半天，到底為何食物？最後經說文解字、英文解字後，方才恍然大悟，為英文 Mixed Ice Cream，一字不漏地照念過來。一個冰淇淋，可讓你費神瞎猜了半天，也算是一絕！到日本，我可大秀英文，但可惜沒人理你！

作樣子的「明鏡高懸」

去山西，從北部大同到中部平遙古鎮，參觀一模仿古代縣衙門，縣老爺在審判一罪犯之場景。罪犯剛被帶入衙門，旁邊之衛兵，光喊威武就已把犯人嚇死了（有招就招，無招也招），尤其碰到一些腐敗之縣老爺（他其實一人可定奪縣民之命）。牆上雖掛「明鏡高懸」那是作樣子的，古時候常有誤判，司法不公之事，掉腦袋，隨時可能！難怪民間仰望（開封有個包青天）。

經過了數百年，到了現代社會，雖有檢調、法官、法院三審之司法制度，但時至今日，仍有許多恐龍法官，司法不公之事！法官是人，不是神，故有需要更好之制度，來監督一些法官！

結合印度和波斯建築的泰姬瑪哈陵，印度

泰姬瑪哈陵，是位於印度北方邦阿格拉（Agra）的一座用白色大理石建造的陵墓，它是蒙兀兒王朝第五代皇帝沙賈汗為紀念他已故皇后泰姬蔓．瑪哈而興建的陵墓，建於一六三一～一六五三年。此陵墓之設計結合印度建築和波斯建築。

有一次，我去印度新德里，第二天即造訪於此陵，到達阿格拉之前，在馬路上除了牛大哥外（聖牛），尚有羊、豬、馬等動物隨行，街上風土塵揚，汽車呼嘯而過，喇叭聲不絕於耳，好不熱鬧。到了此陵先過安檢，之後脫鞋入內參觀。一脫鞋，慘了！百分之八十以上印度人不洗澡、不洗腳，加上不洗襪子，整個內部其臭無比！哪有心情觀賞此雄偉之陵墓。印度人不老實，有時觀光客擺在門口的高檔鞋，出門發現被別人穿走了。又聞臭味、又丟鞋子，來此一遊，損失慘重。站在陵前，筆者手抓屋頂，狀似偉大，其實無聊。

黃旗飄飄的黃帝陵，陝西黃陵

有一年去西安交大，接受風濕科主任武教授之邀請，替院內風濕病學習班做一場演講。講完後，武教授問想去哪兒走走？她不知我來西安已有三次，第一次二〇〇〇年跟父母親來，後兩次旅遊，去絲路途經西安（絲路起點西安）。已看過兵馬俑、華清池三次，此次想去老毛故鄉延安走走。武教授視我如上賓，派一車一人隨行。

從西安走，行車約三小時，在延安之前，我們到達黃陵縣的黃帝陵。此陵是傳說黃帝軒轅氏陵墓，相傳黃帝得道升天之處，此陵墓為衣冠塚。民國二十四年起，每年有一中樞祭祀大典，時間為四月，之後訂四月五日為掃墓節！去的當日，沒有活動只有觀光客，黃色大

旗，旗正飄飄，為何用黃色？可能與黃帝有關。之後到延安，參觀延安市區老毛曾居住之地。看到毛主席提字《鼓勵百姓之信》在一石碑上、看到延安河、看到新華書局（中共中央黨之書局）、最後看到一間廟。

我入內後拜一下，看到奉獻箱，準備奉獻人民幣二十元。當日廟內甚黑，我又戴墨鏡，手抖了半天，還未將二十元從小孔塞入。對面有一位小和尚，看我衣著端莊，相貌不凡（看起來就像個富家人），抓住我的手說：「這位大爺，二十元太少了點吧！」我從小到廟內奉獻，未受過這樣羞辱，憤而掉頭就走，當然二十元也不捐了（省了一頓飯錢）。小廟居然也現實了，六根當然也不清淨了！

耶路撒冷哭牆，不是誰到都哭得出來

兩年前去以色列遊覽時，去了耶路撒冷的哭牆。所謂哭牆，應叫西牆，希伯來文是Hakotel，只因放逐在外之猶太人回到耶路撒冷，在此牆祈禱時哭訴之過程，遂被人叫做哭牆。今日之哭牆，已成為當年聖殿留下之唯一遺跡。此牆高十八公尺，長由二十七層石頭砌成。

公元前二〇〇〇年，猶太民族祖先大希律王在亞伯推舉領導下來到這裡建造。公元到十一世紀，雅各的後裔大衛建立以色列王國，聖城是耶路撒冷。公元前九一三～九三三年，大衛兒子所羅門在位，大興土木建立了所羅門殿，從此成了猶太人神聖地，也是耶穌基督被釘死十字架上之地。猶太人經二千年，在

一九四五年建國，而二千年來，猶太人曾被巴比倫人、羅馬人、奧斯曼帝國、英國人、約旦人佔領統治，他們大部分流離失所到世界各國。而德國二戰時期，屠殺猶太人約六百萬人，真是一悲慘的民族。故猶太人去哭牆能不哭嗎？

我們既不是猶太人，也不是基督徒或天主教徒，平日生活富裕，豐衣足食，也沒有經歷太多苦難，來到哭牆邊想要哭一下或掉一滴眼淚都有極大的困難。我當天與另一團員在哭牆面壁，但怎麼想也掉不出眼淚。面壁太久，我們二人還東張西望，完全沒有感覺，我們是哭牆邊哭不出來的台灣人！下次在哭牆邊，站遠一點，看看猶太人的表現即可！

急流勇退，張良

三國時代（一九九年），東漢建安四年，孫策想回江東恢復祖業，在周瑜的幫助下，一舉攻破皖城，得到橋公之女，孫策娶大喬，而周瑜則娶小喬，但是孫策第二年即重病死亡。而小喬是絕世美女，但一生坎坷，她在四十七歲時因病去逝。張良是西漢開國功臣，幫助劉邦建立漢朝，但開國之後，蕭何、韓信皆遭劉邦毒手，張良卻保有性命（六十四歲死亡）。其實他是了解歷史。

毛澤東開國前的元帥彭德懷、劉少奇、賀龍、林彪等，當初幫老毛打天下，但在老毛晚期，皆被老毛的紅衛兵鬥臭鬥死了。張良在鴻門宴讓劉邦得以脫身，其實他聰明，自己選擇後路，得以全身而退。張良是奇才、詩人、謀

士，為官者應向他學習！要急流勇退，不要賴著不走，以為天下非你不可！二十年前我剛到台北榮總時，住的宿舍旁有一家店名叫「賴著不走」，我勉強去吃了一次，生意不好，東西還真不好吃，還「賴著不走」！經過半年追蹤觀察，最後「賴著也得走」，關店了！

夢駝鈴聲聲聲催

敦煌，一個有歷史文化的西域城市，位於中國甘肅省西北部，歷來為絲路上之重鎮，擁有世界文化遺產，且是莫高窟及漢長城邊陲玉門關及陽關所在。王之渙有首絕美的詩，描述玉門關「黃河遠上白雲間，一片孤城萬仞山；羌笛何須怨楊柳，春風不度玉門關」。而有關陽關，另一首名詩為大詩人王維所寫的「渭城朝雨浥輕塵，客舍青青柳色新。勸君更盡一杯酒，西出陽關無故人」。玉門關位於敦煌市西北約九十公里，是中國境內通絲綢之路之重要關隘之一。漢武帝設置，因西域輸入玉石取道於此而得名。陽關位於敦煌市西南約六十公里，始建於漢武帝時期，因其處於玉門關之南，故謂陽關。

陽關及玉門關是古代陸路交道的咽喉之地，但

出此二關，極為荒涼，人煙罕至之地。而敦煌的月牙泉，為奇特之水源，形狀似月。而鄰近則為沙漠，有沙漠就有駱駝。我們來此不騎駱駝好像過意不去，然騎上了駱駝，看前方無邊沙漠，筆者詩興大發，不讓大詩人王維、王之渙描述陽關及玉門關專美於前，即刻寫出一首詩「鳴沙之山月牙泉，駱駝雄師不可欺，沙漠遙遠遠遠行，夢駝鈴聲聲聲催」，好雄壯之詩！但乏人問津，大概此首詩只能傳幾年，因為我的文學素養，像是沒有別人發掘的深谷中之幽蘭。但我已七十歲，太老了，幽蘭都快枯萎了，仍未有人賞識提拔，只得自己欣賞自己！

世界最奇險的十大建築之一，山西懸空寺

山西省懸空寺，位於山西省大同市渾源縣，是一座儒釋道三教合一的寺廟。此寺始建於北魏年間，現有建築為明清時重建整座寺廟，建於翠峰山的半山腰上。依靠二十七根木樑，支撐全部寺廟主要建築，遠看如懸於半空，故名懸空寺。被美國時代雜誌列為世界最奇險的十大建築之一。李白在造訪懸空寺後，在岩壁上提了「壯觀」二字。

我因有懼高症，入寺廟後，不敢向下看，爬樓梯用狗爬式。在廟門口照相，回想當日甚冷，我大妹給我戴了個黑口罩又戴了墨鏡，整個臉全黑了！像極了武俠片中的黑面高手，翻滾跳躍於懸空寺之上。

煤球及老藥瓶，童年回憶

某次在大陸旅遊，在一鄉下小鎮上看到煤球及老藥瓶，此即刻觸動我幼年時（約六十年前），家中煮飯、燒菜、洗澡全依賴煤球（因當時並無瓦斯爐及電爐）。而鄉下地方用木材生火取代煤球。我仍記得當時村子內（左營星初里，鄰近煉油廠）有一打煤球老王身材健壯約五十歲，將買來之生煤以模具作成煤球（需用木槌用力敲打）。他白天生龍活虎打煤球，但晚上要侍候一二十多歲原住民姑娘，可就力不從心！無法滿足結果，結婚不久，新娘子跑掉了。事實上當時大家都窮，未久，此原住民姑娘又回來了！看到煤球，勾起我往日之回憶，也值得了！

看到老藥瓶（藥品名為casacara為瀉劑，便祕用，為英國Boot公司所製造），想起小時醫藥缺乏，村子內有一醫師瞿伯伯（上海同濟大學畢業），非常紳士風，但即使有學問，藥品不足，也徒乎奈何！當時大家最好生小病，不要生大病！而瞿媽媽為護士，夫妻一搭一唱，是我們童年醫療健康之守護者。

十族文化村，南非太陽城

二〇〇八年在南非約翰尼斯堡太陽城旅遊時，台灣有「九族文化村」，太陽城多了一族，為十族文化村。到了入口處，未見任何一遊客，只有我們四人，因為進入要門票，陳家兒子、媳婦說已來過，故僅陳母及我二人進入。在入口處逛逛擺設紀念品之小攤，我跟陳太太虛耗了半小時後，因未見其他遊客，三十位南非原住民，從十個寨子奔出，歡迎僅有的兩位客人。我真的是受寵若驚，因從未遇到如此場面。

每一寨子，原住民先介紹自己的文化特色，包括祖魯族、科薩族、恩德貝勒族。每一族衣飾皆相當鮮豔，他們其實都是編織衣服的高手。祖魯人喜歡跳舞、唱歌，傳統上只有未婚女子和年輕男性可跳舞。部落中有巫師，他們可通靈，也可幫人治病。在他們一小時表演快結束時，習慣邀請嘉賓上來共舞。此次慘了，只有兩位嘉賓，我和陳太太無處可逃。他們先邀請陳太太，然她不願，且說兩膝有關節炎，不宜跳舞。此時我便是他們攻擊的唯一目標，且小弟本身為治療「關節炎」的醫師，總不能再說「我有關節

痛」，故只有勉強下海跳舞。這些原住民二十人圍繞我一位台灣人，又唱又叫。此時，我突然從「默默無聲」的人，迅速變成「豪放浪漫」的人。整個身子開始大幅度擺動，且與我旁邊的巫醫「相看兩不厭」。當然我是「正牌」醫師，他是「地下」醫師。

扭腰擺臀折騰了總共十五分鐘，方才讓我休息。回到座位時，已氣喘，心跳加速，扭完後，本想給點小費，但因為對方人數太多，怕給太少，最後擔心他們因分配不均打架，場面難以收拾。手在口袋轉了半天，拿幾張衛生紙，擤擤鼻涕，拍了屁股走人。在門口，與一高大祖魯族勇士合照一張，他一直向我示好、扮鬼臉，想賺點小錢，我本想偷偷給點小錢，哪知門內有數十雙黑眼睛瞪著我，手又縮回，最後陪了一大堆笑臉走人。

其實到國外，給小費真是門學問，十五年前曾在香港一餐廳用餐，因服務態度不佳，用餐後迅速離開，沒給小費。哪知一夥計衝到門外，跟我追討小費，我還是硬著頭皮給了些。

評彈，一字十元

蘇州為中國歷史古城，古稱吳，現簡稱蘇，是位於長江三角洲和太湖平原中心地，著名的魚米之鄉、狀元之鄉、院士之鄉，經濟重鎮。自古享有人間天堂（上有天堂，下有蘇杭），台灣的東吳大學，前身即為蘇州大學。建城逾二千五百年，是中國現存最古老城市之一。在東漢時期，為全國第二大城，僅次於首都洛陽。

蘇州評彈，是評話和彈詞兩種曲藝形成之合稱。一般為二人組合，一人彈奏三弦，另一人彈奏琵琶，類似中國北方之評書。演出內容，大都是中國古時歷代興亡之英雄史詩和俠義公案為題材。有一天我路過一評彈演奏場，門口一塊招牌寫著「客官、喝茶、聽評彈，共十元人民幣」。小弟平日節儉，也有點貪心，一下子就被十元吸引進入。但聽未多久，評彈二位演奏家即說：「評彈，年輕人不聽、老年人沒錢，我們喜歡大家點歌，順便贊助我們」。我心太軟（任

賢齊唱的歌），且為了維護中國傳統文化，即開始點五首歌，心想一首歌了不起十元，其中有一首已成為蘇州市歌（原周璇唱的《天涯歌女》），聽得如痴如醉，還與他們合照。之後，付錢時共五百九十八元人民幣，問夥計為何如此貴？他說不是一首歌十元，是歌中每個字十元，你點了五首我還給您打了六折，共計五百九十八元。沒轍，只得付現，誰叫周某給門口那塊招牌唬弄了。但想想，能幫忙這些貧窮的藝人，也就釋懷了。

晚上與朋友吃大閘蟹，一隻一百元，叫了四隻，花了四百元。周某有一日，拜訪寒山寺，只為尋求張繼那首詩「月落烏啼霜滿天，江楓漁火對愁眠，姑蘇城外寒山寺，夜半鐘聲到客船」之情境，這首《楓橋夜泊》，千古傳誦。我平日喜愛讀書，且寒山寺環境清幽涼爽，坐在小亭椅子上，念起醫學相關之文章，共三小時。而一老和尚走來走去數十回合，見我不動如山，心想是否另一個才子光臨寒舍（即寒山寺）？

想一想死不得

南京以前是六朝古都，長江經過，外圍有鍾山護衛著，以前是兵家必爭之地。臨長江有塊高地，名為燕子磯（磯是水邊突出的岩石或石灘）。其中南京燕子磯、湖南岳陽的城陵磯和安徽馬鞍山的采石磯並稱長江三大磯。采石磯為何出名？是因傳說唐代詩人李白在這裡因醉酒江中捉月而亡，此地有李白衣冠塚；而燕子磯在南京城北部，歷史上是長江著名渡口和戰略要地。黃昏，看著長江暮色，是明代金陵四十八景所說「燕磯夕照」。

在此高地一塊石碑上書「想一想死不得」，而旁有一壁報說明「因此處常有人跳長江自殺，為了珍惜生命，請在跳之前，想一想死不得」。據說不立碑還好，立了碑（好像墓

碑），跳長江自殺人更多。其實想死的人，大部分都已到了走投無路，已無路可回，再看到碑文，心一橫（想一想死了算）就跳江。

一九三七年十二月十三日日本人攻佔南京後，連續六周以上，屠殺南京市民，殺了約三十萬人，但仍有倖存者見證了日本軍人殘暴（殺人比賽、強暴婦女、集體槍決、活埋百姓）。此倖存者立雕像於南京大屠殺紀念館，提醒世人莫忘歷史之教訓！我為南京人，自小對日本人無好感，直到現在，很少去日本旅遊、很少吃日本食物、拒買日本汽車、不請日本教授來台演講。總之，有骨氣！

明治神宮表參道前，下馬

台灣人非常喜愛去日本，對我而言，興趣不大！中國唐代時，日本引用大量中文字體，許多日本字中間夾雜著中文，即使不清楚亦可猜猜看！到明治神宮表參道進入前，有一立牌上寫「下馬」，奇怪我也未騎馬，為何叫我下馬？想想，古時候人上京城是騎馬，下馬，即表示往前走已交通管制。

在淺草寺拜完後，寺廟周圍有幾百家商店，大部分都是賣吃的。日本人似乎愛吃甜，什麼銅鑼燒、人形燒、魚燒一堆皆為甜食（內有紅豆），類似台灣紅豆餅。其實這些都是賣給觀光客的，讓你們大吃，最後回國後血糖升高，都得糖尿病。嚴重者可能因糖尿病昏迷，直接進入加護病房急救。

牛吃蟲草我吃牛

在雲南麗江遊覽，犛牛為高原動物，且為少數全世界未受汙染的動物，犛牛分布於三千公尺以上的高原，空氣稀薄，但因高原未有工廠，且水源皆為高山融雪，犛牛飲用高品質生水及高原草地各種滋補的植物，故犛牛全身是寶。

但犛牛也是牛，牛本身命運不好，除了年輕時為主人拉車種田外，不幹活，通常被宰殺，作成牛肉麵、牛肉湯、牛肉乾、牛肉飯、青椒牛肉、牛肉火鍋等。另外，在風景區供人拍照賺錢（給主人賺錢）。犛牛肉一樣，也會變成牛肉乾、牛肉火鍋。為何叫胖金妹？因為麗江少數民族為東巴族，他們稱女士為胖金妹，有模仿唐朝楊貴妃，胖胖的討人喜歡，此名稱「胖金妹牛肉麵」，是否源自於此不得而知？另外，張飛是否喜歡吃牛肉麵，尤其是犛牛肉，此是否為增加廣告效果不得而知？反正取任何名字不違法，店門口找了個「假張飛」，虛張聲勢一下。

遊奉化溪口鎮，聊蔣氏歷史

蔣中正，生於浙江奉化縣溪口鎮，距離寧波一小時車程。有小河、有高山，蔣中正從小看魚兒往上游，而我看魚兒往下游，偉人與平凡人的眼光就是不同！蔣經國是蔣介石與毛太夫人所生兒子。蔣經國，字建豐，俄文名字非常長（尼古拉．維拉迪米洛維奇．伊利扎洛夫），他亦出生於奉化縣溪口鎮。一九三九年日軍要求與蔣和談，否則要炸平老家，遭蔣拒絕後，毛太夫人被日本飛機炸死於溪口鎮蔣家老宅豐鎬房外（一九三七年十二月十二日）。蔣經國悲憤疾書「以血洗血」四字，刻在石碑，立於母羅難處，誓報殺親之仇。

蔣經國與蔣方良生有四個子女（三子一女），大兒子死於喉癌（五十四歲）；大女兒蔣孝章，嫁給前國防部長俞大維兒子俞揚和，目前在美國；二兒子蔣孝武一九九一年因心衰竭過世；三兒子蔣孝勇，一九九七年

因食道癌過世。蔣經國三子皆英年早逝！似乎印證古人說「富不過三代」。

我去過溪口鎮三次，有一次看到蔣中正父親蔣明火（蔣肇聰）曾經營過玉泰鹽鋪。當時開鹽鋪者，一般皆有錢人（蔣介石出國留學應該是自費而非公費留學）。蔣介石去日本兩次，第一次去學習語言，之後，入清朝設立北洋陸軍學堂（即後來保定陸軍軍官學校）。一九〇八年去日本先念振武學校（日本陸軍士官學校的預備學校），一九一一年辛亥革命返回中國。我去了蔣氏故居，深感年輕時未替蔣家服務過，拿起門口掃帚掃一下，聊表敬意！

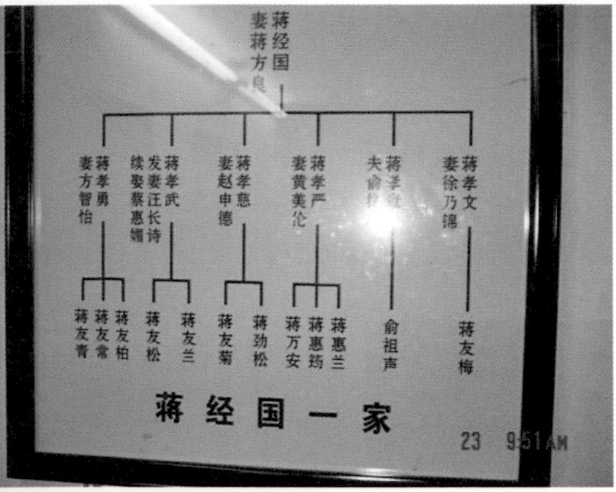

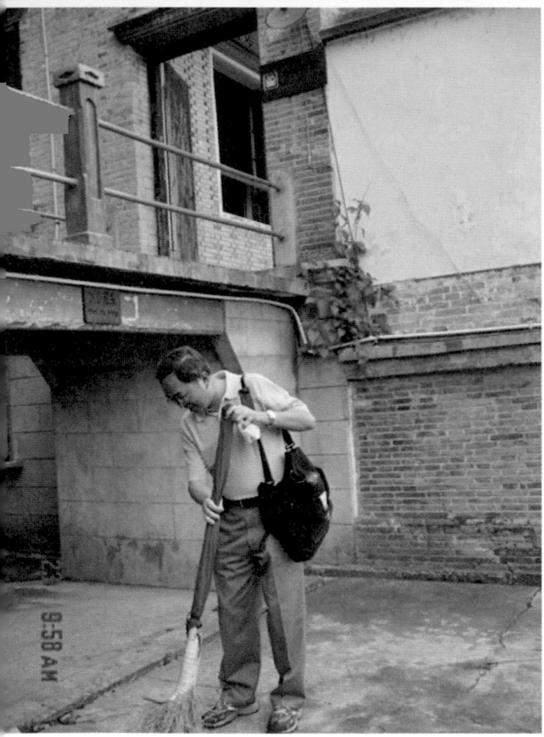

人才輩出，桐城人

十多年前，安徽醫科大學徐教授安排我去演講，因老家在安徽桐城，故講完後去桐城一遊，順便代父返鄉（父親年齡已屆九十）。桐城以文學著名，大文學家方苞即是桐城派始祖。桐城雖為一小縣城，但桐城中學亦出名，此中學由著名國學大師吳汝綸於一九〇二年創立（超過一百年），此學校人才輩出。吳先生算是桐城派後期大師。

桐城派是我國清代文壇上最大的散文流派。它以其文學的源遠流長、文壇的博大精深、著述的豐厚清正，風靡海內外。正式打出桐城派是曾國藩，另外戴名世、方苞、劉大櫆、姚鼐為桐城派「四祖」。戴名世是桐城先驅，而方苞為桐城奠基人，後期的吳汝綸亦為桐城派。

小弟為桐城人，骨子裡有文學之修養，能振筆疾書，十小時可不停，寫的書不一定大賣，但皆能自娛娛人（台灣現在出書，除非你有名氣如政治人物等），一般皆無法暢銷，很多書要靠自己推銷，幸好小弟貴為醫師，行醫時，一則看病，一則勸病人買書看書，當然是看我寫的書！其實小弟寫書並不為賺錢，有些書賣一本才賺十元，十元掉到地上，有時懶得撿，因為撿不好會腰背痠疼。

桐城高考率（大陸高考等於台灣聯考），達百分之九十八，學校替自己做廣告。到了桐城，招商局一位官員招待我吃安徽土菜（如臭鮭魚）。當時因盛情難卻，乾了二十杯（小杯）的高粱酒，咦？沒醉，方知個人喝酒有潛力（強過老爸，他常常喝醉）。搞文學的人，似乎必須會喝酒，才作出好詩，如大詩人李白等。

萬里長江此封喉，吳楚分疆第一州

安徽早期首都為安慶（現為合肥），二千多年前，稱為皖國，安徽省簡稱皖即源於此。其位於長江沿岸，是中國歷史文化名城，是中國黃梅戲之故鄉。因地理位置重要，有「萬里長江此封喉，吳楚分疆第一州」之稱。有一晚，在安慶住宿時，沒事跑到一公園內，忽聽有地方戲曲，到一亭上駐足，看到許多居民，粉墨登場，唱的是我們從小耳熟能詳之黃梅戲（即台灣以前唱的黃梅調），方知黃梅戲是安慶當地戲曲！

黃梅戲，是中國五大戲曲之一，其前身為懷腔，起源於皖、贛、鄂三省交界一帶採茶調，又稱黃梅調。之後在清朝中後期，採茶調與安慶府當地民間戲曲結合，並用安徽懷寧方

言歌唱和念，逐漸發展成後來之黃梅調。而在台灣將黃梅調發揚光大的是作曲家周藍萍，其作品最熟悉的是《梁山伯與祝英台》。當時捧紅的是凌波（梁山伯）而捧死的是樂蒂（祝英台），後者因心情不佳，得憂鬱症自殺而亡。猶記凌波第一次從香港回台，轟動大街小巷，有人跟凌波說，我看電影五十遍，另有人說我已看過一百遍，大都是中年婦人瘋狂崇拜偶像。不像現在年輕人瘋韓國明星（其實他們是沒有文化）。

有一中午，在安徽池州吃中餐，而餐桌旁有一麻將桌（當地特色），為何如此？因每次吃飯總有一、二人遲到，為了不耽誤時間，先打四圈再說，東西好不好吃，已經不重要了！

深受中國影響的韓國，想否認沒門

某次在漢城（首爾）演講完後，去東大寺參觀，其實寺廟建築，如同中國唐漢，為何首爾原先叫「漢城」是有原因的。參觀一輪，沒啥好看，倒是門口見蘇聯人與韓國三星（Samsung）人合照，狀況融洽。說真的，北極熊蘇俄人與高麗棒子韓國人，脾氣都不好，為了做生意，只好湊合一下（台灣年輕人，瘋迷韓國的偶像劇，男歡女愛，其實大部分是假的。因為大部分韓國男人脾氣不好，常喝酒打架，大男人主義。而女孩子美美的也是裝的，因為大部分韓國女人皆美容過，所以台灣人被騙了！）。

晚上大會有音樂表演，看到七美人彈五弦琴，尚可，此琴亦從中國大陸來。總之，韓國不可否認早期中國對他們的影響力。首爾東大寺寺廟內之古書及匾額皆為漢字，韓國人要面子，現在國力稍強，

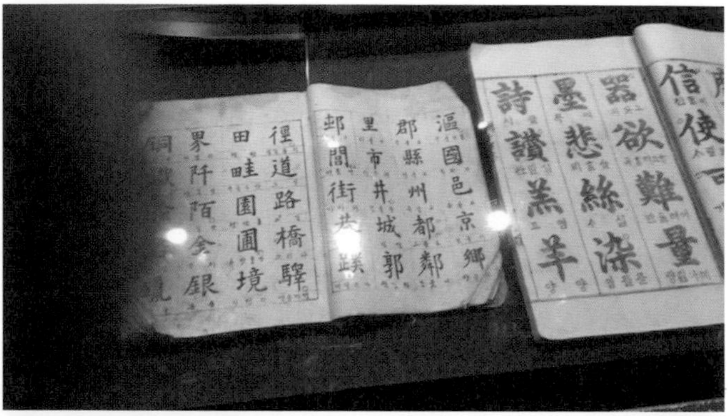

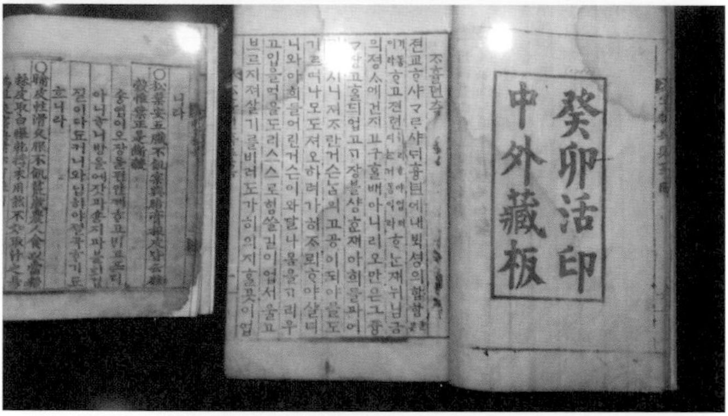

即想否認中國以前之文化、歷史，但事實上不可能！除非把古書，匾額通通丟掉，忘掉以前歷史。

鐵面魚加無絲藕，鐵面無私

華視曾有一連續劇，轟動整個台灣，此劇為《包青天》（開封有個包青天，鐵面無私辨忠奸……）。安徽出了些名人，其中之一為包拯（北宋時期），安徽合肥人，包拯以清廉公正聞名於世，被後代譽為包青天。他曾為官於河南開封府，別名為包文正、包青天、包黑子、包公。在河南開封旅遊時，小攤上有賣包黑子花生。

安徽為出生地，有一紀念祠，入內後有一河流名為包河，河中有許多蓮藕，包河裡的魚，因背漆黑，百姓稱為鐵面魚。而河中藕，鮮嫩可口，軟斷無絲，稱之為無絲藕，將兩者合一即為「鐵面無私」，正合包公之形象。

而安徽另一名人為李鴻章，他是晚清四大

名臣之一（其他為曾國藩、左宗棠、張之洞）。李鴻章因為與日本甲午戰爭後，簽訂喪權辱國之馬關條約，將台灣割讓給日本，台灣人普遍對他觀感不佳。其實他是一位能文能武之人，他曾經歷平定太平天國、平定捻軍、辦洋務運動、經歷中法戰爭、甲午戰爭、義合團運動。他是清朝地方武裝淮軍創建者和領導者，並且為清朝建立一支海軍和北洋水師，曾被美國總統格蘭特稱李為當時世界四大偉人之首（其他為英國首相班傑明、法國總理甘必大、德國宰相俾斯麥）。但被批評在其任上簽了三十個不平等條約，梁啟超對李鴻章之評價為「不學無術，不敢破格，是其所短也；不避勞苦，不畏謗言，是其所長也」。人死後所有功過，蓋棺論定！

耶穌十二門徒岩，澳洲墨爾本

有一年，在過舊曆年期間（大年初六），去澳洲墨爾本參加藥廠主辦會議，順便拜訪一下我的侄兒小達（妹妹大兒子）。正值過年期間，墨爾本華人區（早期為廣東移民），張燈結彩，熱鬧非凡，比台灣過年熱鬧，且常有舞龍舞獅表演，一直到正月十五日元宵節。

反觀台灣，兒時對過年那種期待（小時大家窮，過年媽媽買件香港衫，即高興異常，等收紅包，大家小賭一下、守歲、初一拜年、許多民間藝術表演等等），已經泡滅。取而代之，過年期間大家流行出國，尤其年輕人（往日韓跑）。因為政府不重視過年，連舞龍舞獅都被取消了，反而是十五日元宵節搞得轟轟烈烈，尤其現在執政黨，包括台北市長，十二月

三十一日搞煙火秀，到了除夕，沒有任何活動。台北市過年期間如同死城，因為沒啥活動，大家都跑了（出國、要不然下南部）。

我在墨爾本停留七天，開完會後，小達帶我去南部海邊一遊，此地有一特殊景點為位在Port Campbell國家公園內之耶穌十二門徒岩，沿著海岸邊，聳立著十二個岩石（The Twelve Apostles）。此自然形成的石灰岩組合，在澳洲維多利亞洲的大洋路上，早期被稱為「母豬和小豬」，其實目前現有的為九塊石頭（非十二塊），但是稱十二塊門徒岩好記！我在海邊，看到澳洲年輕人和觀光客拿著衝浪板在海中衝浪，我真是羨慕極了。可小弟不會游泳，別說衝浪，只有望洋興嘆（現在游泳學不會了）。

天通地拔，天地皆在掌握中

十年前去山東演講旅遊，到山東，必去泰山。泰山山頂有許多石刻，其中包括「雄峙天東」、「天通地拔」，尤其此天通地拔，意味著上可通天，下可拔地，天地皆在我掌握中，寫的真好！在回程途中，經過一道觀，門口有一似茅山道士在把關，去道觀參拜，還得先繳入寺費，方可進入。此一進去，了不得，門票不過一、二十元。然進入後，內人進入一小房，此後，即無影無蹤，原來她已被此寺廟內的小住持留下。一直懇求內人奉獻買一平安符，保全家平安。

內人平日甚儉僕，不隨便花錢，有時陪我逛街買衣服，太貴之衣物，雖小弟甚悅想購買，但一看到價目表，常請我即刻「向後轉」。而我也因為以前當兵十八年，對部隊口令甚熟捻，立配合內人之口令向後轉，頭也不回地離開。但今日在寺廟內，她

卻甚大方，總共在內三十分鐘，奉獻九百元人民幣，買了一塊「平安符」。出來後，她滿心喜悅，完全無悔意。想必她認為到此名山「泰山」，能獲一平安符，保全家平安，應已值得。我的人生觀較豁達，內人平日為我及一兒一女操勞甚多，只要她高興，任何事都可。

泰山山上人多，故設一南天門醫療救治站，我退休無事可做時，可來此應徵，一定優先被錄用。因為打著台灣陽明大學教授、曾經歷台北榮總過敏免疫風濕科主任、台灣風濕病基金會董事長、風濕病學會理事長等頭銜，能不錄取嗎？在山上真是大材小用，但為了造福人群，犧牲自己，又何妨？

國防醫學院之起始沿革

我的母校，國防醫學院，是中華民國歷史最悠久的軍醫學校。前身為一九〇二年由袁世凱創立於天津的北洋軍醫學堂，一九一二年，中華民國建國改為陸軍軍醫學校。一九三六年，更名為軍醫學校。一九三七年校長由蔣介石兼任。一九四六年抗日勝利後，學校遷於上海江灣。一九四七年六月更名為國防醫學院，由林可勝擔任院長，張建及盧致德擔任副院長。一九四九年，國防醫學院遷校至台北水源地。而上海江灣留下來的校舍演變為今日的中國人民解放軍第二軍醫大學附屬醫院。一九九九年，原水源地國防醫學院遷至台北市內湖區。而存在江灣之國防醫學院一九五八年九月改制為中國人民解放軍第二軍醫大學第一附屬醫院。一九五四年收治地方病人，一九六二年對外稱長海醫院（此醫院位於上海揚浦區長海路一六八號）。

六年前，我第一次返回我的母校曾在的長海醫院，此次由長海醫院風濕科主任趙東寶教授邀請去演講，感同身受，心裡激盪不已！國共結束內戰已七十載，希望兩岸能長治久安，不要再有戰爭了！

金馬與碧雞，昆明

昆明鬧區有兩座牌樓，有一名金馬，另一為碧雞。跟台灣（金馬）相同，台灣金馬為金門馬祖簡稱。昆明也有金馬。而金馬、碧雞有其來源。有關「碧雞」據說雲嶺之南有神雞。漢宣帝令王褒前往雲南求取，但沒得到，只寫《碧雞頌》以祭之。有關金馬，東晉《華陽國志》講到滇地有龍馬交配而出駿馬，日跑五百里。唐宋時，金馬是佛教阿育王的神驥。唐代之後，已有金馬、碧雞的祠寺，人們當作神靈以供奉。

昆明大街有一間「好醫生大藥房」，到底是藥房內有好醫生在看病，還是好醫生轉行開藥房。我在一九九八年後去大陸，早期許多畢業醫生收入不佳，紛紛改行當藥師。名片上印有「燕京大學醫學系畢業，目前為美國輝瑞藥廠銷售西藥代表」。

藥房隔壁黃雲南過橋米線，此米線是雲南名小吃。為何叫「過橋」？其實有典故。此米線已有百年歷史，源自於滇南蒙自縣。傳說有一秀才在南湖的湖心小島念書，秀才妻子每日都要路過石砌的小橋給丈夫送飯，有一日將米線往熱雞湯裡浸泡後，即撈出放入碗裡，秀才吃了十分滿意，此為過橋米線由來。

有一日在街上碰到一位老太太，拿本古書在唸，看了十分感動，有點像周某。我習慣在捷運上看美國時代雜誌（英文），中、下午有空看讀者文摘，晚上睡前看兩份中文報紙。因為已七十一歲，不把握時間，來不及了！所謂活到老，學到老。年輕人學學那位老太太吧，也順便學學我！

在昆明最後一晚，欣賞了《雲南映象》，這個表演擷取了雲南少數民族舞蹈精華，以歌舞方式將雲南少數民族的生活呈現在舞台上。此表演的歌舞總監為揚麗萍女士，她最有名的是《孔雀舞》。她已六十，身體依然瘦、腰細，跳起舞來比孔雀還要孔雀。我肚皮甚大，只能跳「大肚鵝」或「北極熊」舞！

歐洲火藥庫，巴爾幹半島

巴爾幹半島又稱希臘半島，數千年來因各族種族語言、政體不同而戰爭不斷。第一次世界大戰也在此引爆，因而有歐洲火藥庫之稱。左圖是在馬其頓首都史高比耶拍的街景，非常有歷史文化之城市。公元前四世紀時，位於希臘北部的馬其頓王國逐漸強盛。國王腓力（公元前三八二～三五六年）為馬其頓國王，他發展強大兵力，佔領色雷斯沿海並侵入希臘，但不幸遇刺身亡。王位由其子亞力山大（公元前三一六～三二三年）繼承，而亞歷山大建立了空前的馬其頓帝國，統治領土涵蓋歐、亞、非三大洲，但不幸於公元前三二三年因瘧疾死亡。

希臘希望馬其頓改名，最後在二〇一九年六月正式命名為北馬其頓帝國。首都為史高比耶，市區馬其頓廣場有亞歷山大大帝騎馬的雕像，可經由圖中古老之石橋（建於一四五一年）到達老城區。在市區中有一酒店（Hotel），可能治安不好，搞了一個假警察在旁，同時有拔槍動作，準備隨時制伏歹徒。如果第一次外地人要去 Hotel 搶劫，眼睛放亮點，不要被假警察給嚇到！

到西安必看兵馬俑

秦始皇兵馬俑位於陝西省西安市臨潼區陽村。秦始皇陵建於公元前二四六年至公元前二〇八年，歷時三十八年，是中國第一個規模最大、布局講究，且保存良好的帝王陵寢。而兵馬俑位於秦始皇陵外圍，認為有保衛陵寢含意。一九八七年，被列入聯合國世界遺產名錄。因秦始皇兵馬俑並未在史書上有所記載，故未被外人挖掘，經歷二千年能保存良好。一九七四年三月二十九日陝西大旱，臨潼縣村民在挖井打水時，意外發現兵馬俑碎片。

兵馬俑有許多種類包括軍士俑、主射俑、跪射俑、武士俑、軍吏俑、騎兵俑、馭手俑、高級軍吏俑（將軍俑）。兵馬俑出土中，尚有青銅馬車。在兵馬俑參觀時，不禁對秦始皇敬

佩有加，肅然起敬，接著立正站好（似乎準備唱國歌了）。以前認為他是暴君，但當時，也許暴君才能完成許多偉大的建築，如長城等。

外國觀光客第一次來大陸，到北京必看長城，到西安必看兵馬俑。秦始皇先前豐功偉業，像搖錢樹般，吸收大量外國觀光客。唯一遺憾的是，館內有一巨大兵馬俑牽著一現代小女孩，看起來不相配，為何女孩不穿秦朝時衣服？

溫泉水滑洗凝脂，華清池

唐朝（六一八～九〇七年）歷時二百八十九年。唐朝為唐高祖李淵所建立，定都長安。安史之亂後（六〇九～七〇五年）改為武周，定都洛陽。西安在西漢都城，都叫「長安」（長治久安）。而華清池是位於中國陝西省西安臨潼區驪山北麓，以唐代華清宮內的溫泉浴池出名，更因唐太宗和楊貴妃愛情故事而馳名中外。所謂「溫泉水滑洗凝脂」之貴妃出浴故事，無人不知。但溫泉在中國古時為何稱湯？是因為當時溫泉很混濁，而且冒著熱氣，像煮沸的湯一樣，所以稱湯。而日本熱水稱為湯，但是事實上，唐朝時已將溫泉稱湯（如尚食湯），故可能日本早期偷學中國，之後將其發揚光大成為舉世聞名的湯文化（溫泉文化）。

第一次進入華清宮內，看到「尚食湯」以為是吃飯地方，還附湯，最後發現此為洗溫泉之地。華清宮有一場大型歌舞秀，像唐朝之宮廷音樂表演，表演完後跟演員合照，女主角看起來不胖，應該找像唐貴妃胖胖女子表演。奇怪！唐朝人為何喜歡胖小姐？

像我，就不喜歡，因為我年輕時才五十多公斤，找個胖小姐怕身子承受不住，無福消受！

西安事變始末

西安事變，又稱雙十二事變，是中華民國第一次國共內戰末期的一場軍事政變。當時任剿匪總司令部副總司令張學良將軍和時任國民革命軍第十七路總指揮楊虎城將軍，在西安發動兵諫，扣押軍事委員會委員長蔣中正。起因是蔣介石在一九二八至一九三一年代，對日本侵華抱著不抵抗主義，而重點在圍剿中國共產黨。

一九三一年九一八事變，日本佔領東北，因蔣提出「安內攘外」，而張學良提出東北軍與日本作戰遭蔣拒絕。加上中共介入，張學良逼蔣聯共抗日，而於一九三六年十二月四日誘蔣到西安，在十二月七日，張到華清池，希望蔣改變先剿匪後抗日。因蔣不聽，而於十二月十二日對委員長實行兵諫，用武力企圖使蔣改弦更張。十二月十二日凌晨，張楊發動兵變，蔣匆忙逃

至驪山，最後仍被捉。事變最終以蔣中正被迫接受停止剿共，一致抗日的主張而和平解決。此促成第二次國共合作，西安事變最終結束。張學良被蔣介石囚禁半世紀，而楊虎城被囚禁十二年（楊虎城已與共產黨長期合作），一九四九年九月十七日派人將楊虎城兒子、女兒殺害於重慶中美合作所。

另外將楊虎城及祕書宋綺雲夫婦和其兒子一併殺害。而張學良為何被監禁而未被處死，有下列幾個原因：一、蔣介石與張學良是結拜兄弟；二、宋美齡和張學良私交甚篤，宋美齡阻止了蔣介石殺害張學良；三、張學良夫人俞鳳至握有蔣介石當時叫張學良不抵抗東北的證據；四、張學良與楊虎城相比，個性溫和，野心不大，發動兵諫是楊虎城最早提出，此為蔣殺楊虎城而未殺張學良之原因。

下圖為兵諫所在地五間廳，此廳位於華清池內，蔣介石去西安，以此為行轅。而玻璃窗上，牆壁上仍保留兵諫發生時之彈痕。

埃及共和國歷史漫談

埃及共和國，是非洲人口最多國家，人口近一億。原古埃及是世界文明古國之一，早期非常強盛（法老王時代），不過在希臘與羅馬人統治下，古埃及文明在西元前逐漸沒落，後來被阿拉伯統治。二戰後，埃及於一九五三年由阿拉伯人建立共和國，地理上該國橫跨二洲，即亞洲和非洲。西奈半島位於亞洲西端接地中海，南鄰紅海的三角形半島。大部分國土位於北非地區。埃及大部分信仰為伊斯蘭教遜尼派（百分之九十），最大宗教少數派為科普特教（基督教，百分之十）。

埃及的蘇伊士運河是亞洲與歐洲南北雙向水運之運河。公元前三一〇〇年，古埃及人就在尼羅河建立了輝煌燦爛文明，包括金字塔、

方尖碑。公元前十一世紀到公元前七世紀，陸續被亞述、波斯、馬其頓和羅馬帝國征服。公元四至七世紀併入東羅馬帝國，公元七世紀中期被阿拉伯人征服，建立阿拉伯帝國。一五一七年被土耳其人征服成為鄂圖帝國的行省，一七九八至一八〇一年被拿破崙佔領，一八八二年被英國佔領，一九五二才獨立建國。

二〇一五年我與兩個妹妹及二妹妹婿同遊埃及，即使首都，亂象無法形容，有小驢車在馬路上奔馳，紅綠燈僅供參考。我問導遊阿拉丁，為何埃及先前如此強盛，現在衰敗至此。他用中文說：「我不知道。」阿拉丁，開羅大學中文系畢業，靠觀光業，他活得比別人好。

進入清真寺女孩子必須包得全身緊緊，露出一塊小腿肉都不行。我妹婿愛打麻將，即使一日遊結束，吃完晚餐後，他仍召集大家去房間打麻將，一刻也不放過。但他常輸錢，樂此不疲。

神殿，埃及尼羅河之旅

埃及尼羅河之旅，最重要是看尼羅河有三個神殿（或廟）。路克索神廟，位於埃及路克索的尼羅河東岸，即古埃及新王國時期首都，底比斯建於公元前十四世紀。卡納克神殿在西元前一五〇〇年左右，第十八王朝開始興建，當時卡納克神殿被稱為聖地，是埃及人心目中的宇宙中心。艾德夫神殿，又稱荷魯斯神殿，是位於埃及尼羅河西岸城市埃德高一座古神廟，除了用作供奉鷹頭神荷魯斯之外，神廟亦作祭祀活動。然從船上到神殿，必須坐馬車，船停後，幾十個旅遊團下船後，開始搶馬車，東奔西跑，南來北往，衝衝衝，這就是埃及。有些老外沒見過這種混亂場面，他們不知道該如何與亞洲人搶車高手拚，只得望馬興嘆！

埃及一重要之運輸系統為蘇伊士運河。此運河位於埃及東北部，具歐亞非三洲交通要衝，是一條海平面水道，在埃及貫通蘇伊士地狹水道可通紅海與地中海。我們郵輪也恭逢

其盛，但船上鬧哄哄看船如何通過運河時，咦！船下海上亦鬧哄哄，原來附近居民把家裡家當或手工藝品，拿到船邊來拍賣，好像拍賣市場。互相殺價，但成交後，藝品如何丟上來（船上），錢如何丟下去（小船），我都忘了！

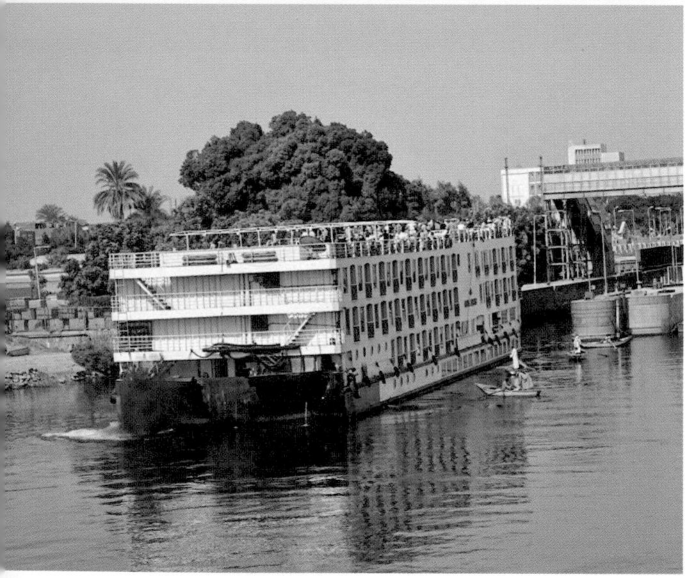

烤天竺鼠，中南州特產

兩年前去中美洲哥倫比亞遊覽時，參觀了哥倫比亞一位喜歡畫胖女人的畫家，那就是波特羅（Fernando Botero）。在他筆下女子，無一例外皆是豐腴甚至肥胖，他喜歡惡搞名畫（如蒙娜麗莎），被他畫成活像一顆被吹漲的氣球。

中南美州有一特產為烤天竺鼠。此天竺鼠為自家人養殖，小時候可愛異常。在中美洲厄瓜多有一午餐為烤天竺鼠，大家原先期待，因為沒吃過。其實老中尤其老廣，什麼都吃，天上飛的，如雁子、麻雀、十姊妹；地上爬的跳的，如蝗蟲、蜈蚣……都能吃。奇怪，大老鼠一放在桌上，百分之八十的人都嚇壞了（包括我），唯恐避之而不及！我們不吃大老鼠，大家都去買玉蜀黍，一下子就搶光了。此店老闆看得目瞪口呆，好好一隻大老鼠不吃，這些有錢（去中南美洲要花台幣近三十萬）的老中台（中國人、台灣人、老外分不清楚），去搶廉價平民百姓吃的玉蜀黍，真奇怪！

埃及當自立自強

古埃及非常強大，且有許多建築物可比擬中國長城，包括金字塔、人面獅身、木乃伊、方尖碑等。但近百年來，國家積弱不強，被他國攻打時，除了金字塔、人面獅身太重了搬不走外，其他如方尖碑、木乃伊許多皆搬到國外了。我問當地導遊，為何強大的古埃及如今淪落至此？他說我也不曉得。古代法老王聽到此番話，可能也氣得不知道答案！

中國清朝也被列強欺負，到處割地賠款，然今日中國，已非吳下阿蒙，對付歐美強國，必須先自立自強。當你強，則他國不敢輕易冒犯。埃及可得好好振作了！

背景，掌握在手中

現代人照相毛病特別多，除了搔首弄姿外，特別喜歡將手指放在某處建築物上，好像背景，掌握在我手中，不可一世！在埃及金字塔前，我亦被當成道具般，剛開始，手指還指著金字塔頂端，像回事！但照太久，手又痠又麻，無法負荷，即亂指一通，不知方向為何？反正隨便照照，隨便看看！

勿忘九一八

一九三一年九月十八日晚遼寧瀋陽爆發一次軍事衝突，史稱九一八事變，又叫瀋陽事變。最後導致東北三省，被日軍佔領，且成立偽滿州國。日軍佔領東北三省大肆屠殺百姓、搶糧，難怪東北人一直恨日本人。此紀念碑，提醒後代不要忘記此（歷史仇恨）。

近來美國川普總統為了選舉，刻意打擊中國，而日本澳洲亦跟著起舞。其實抗戰、二戰期間，日本虧欠中國太多，不跟中國交好，反倒拉美打中，真是太沒道義！而琉球、釣魚台原屬中國，日本戰敗，仍未歸還中國，老美要負絕對責任！

偉人看魚往上游，凡人只見往下游

在大陸旅遊講學，有三次機會去寧波，順道去奉化縣溪口鎮，蔣介石故鄉。此地有山脈、有河流，環境清幽，河流中有許多婦女在洗衣洗菜。我兒時念書，提到蔣介石為何可成為一偉人，原因是他常看到河中魚兒往上游，故有感而發，未來必須立志向上。然我站在河邊甚久，只看到魚兒往下游，故無法成為一偉人，平平庸庸過了半輩子。

大紅燈籠高高掛，晉商

山西與陝西為中國有歷史有文化之省，但皆以窮出名。山西出產煤礦，但山西尚出產許多有名之商人古稱「晉商」，台灣郭台銘亦為山西人。因為商人做生意需要金銀現金及早期票券，平遙古鎮即以此出名。此鎮為早期山西商業重鎮，晉商在外賺大錢返家後，姓王的蓋「王家大院」，姓喬的蓋「喬家大院」。因為有錢，可供養五至十個姨太太，晚上要去誰家臨幸，即將家門口之大燈籠點亮，電影《大紅燈籠高高掛》，事實上描述這些姨太太同古代後宮之后妃一樣，為了爭寵，不得不明爭暗鬥。

我雖貴為醫師，但賺錢有限（不如商人），在台北買房，僅一房一廳，愛人只一個。臥房外也不用掛燈籠，吵架最多兩人，不像以前深宮大苑，每天都在戰鬥，非死即活！

葡萄美酒夜光杯

西域甘肅河西走廊包括武威、張掖、酒泉、敦煌等。早期張騫、班超等出使西域，大將霍去病防守邊關，與舅舅大將軍衛青，共同殲滅匈奴十餘萬人，使河西走廊安定，但才二十四歲英年早逝。在酒泉，他們的紀念館上仍插霍去病的霍旗，彷彿大將軍霍去病猶在。酒泉以生產夜光杯出名，王翰有一首詩，「葡萄美酒夜光杯，欲飲琵琶馬上催，醉臥沙場君莫笑，古來征戰幾人回」，此詩將夜光杯名聲宣揚，如雷貫耳。但我到酒泉街上想買幾只夜光杯，怎麼看都不美，故左看右看就不買。

嘉裕關，定城磚

萬里長城萬里長，在萬里長城上，有許多著名關口，包括號稱天下第一關的山海關，及亦號稱天下第一關的嘉裕關。當初在明朝一五〇六年開始修建嘉裕關時，負責施工的校尉叫郝空，他心狠手辣，而有一位工匠叫易開占，他技藝超群。郝空問易開占修建此關需多少塊磚，易開占說：需九十九萬九千九百九十九塊時，郝空告知易開占，我全數給你，但多一塊或少一塊要砍你的頭。但在嘉裕關完工之時，一個工匠拿一塊僅剩的城磚找易開占，此時郝空發現，大聲怒吼：多一塊磚，明日砍你的頭！易開占卻說：此塊磚為定城磚，如移除，此關會瓦解，嚇得郝空落荒而逃。此磚經歷六百年，定城磚依舊存在！

我有時想，古人不笨，我膽小，如果當時是我，可能想不到「定城磚」的名詞，且嚇得全身發抖！一句話也說不出來，第二天就只能上斷頭台，嗚呼哀哉！

多一磚（定城磚）

嘉峪雄關，天下第一

阿凡達世界，湖南張家界

湖南張家界，聞名中外，電影《阿凡達》據說在此拍攝。有許多雄偉山柱筆直站立，有一百龍電梯為台灣人投資興建。因為陡峭，我有懼高症電梯上行時，我「面壁」站立，但沒「思過」。在山頂上，正擺美姿照相時，被韓國人趕走，非常無禮。但因吸引韓國觀光客，許多招牌店面皆有韓文，但無日文，難怪日本人不來。

其實日本早期打中國時，皆一路戰勝，唯在湖南長沙，吃過敗仗（長沙大捷）。可見曾國藩以前的湘軍真會打仗。張家界地處湘西，日本人不敢進入，因為湘西民風兇悍，且地形複雜，日本人入內皆出不來。中國以前大元帥賀龍即為湘西人。

在湘西有趕屍之習俗，早期客死他鄉的戰士或工人，須由趕屍人連夜送回家，落土為安。我到那也學殭屍跳跳，且碰到殭屍必須「暫時停止呼吸」。

昔日洞庭水，今上岳陽樓

在長沙湘雅大學演講後，去洞庭湖邊岳陽樓一遊（昔日洞庭水，今上岳陽樓）。此岳陽樓因范仲淹所寫的《岳陽樓記》而聲名大噪，其中最有名的詞句，「不以物喜，不以己悲，居廟堂之高則憂其民，處江湖之遠則憂其君，是近亦憂，遠亦憂，然則何時而樂耶？其必曰：先天下之憂而憂，後天下之樂而樂」。

洞庭湖為中國五大湖之一，但今水量變少，真是堪憂。結束景點後，在附近一飯店用餐，湖南菜與川菜以辣出名。我點了幾道菜，但再三交代，小辣即可，但吃時小辣足以讓我兩眼冒金星、胃酸逆流，差點昏倒在飯店內。到湖南唯一可點的菜，叫「不辣」。

一日五個遊，便宜毛病多

第一次在上海遊覽，前往豫園。此地有非常傳統古典性建築，筆者學醫，在一藥房前合影（醫藥本一家）。有一垃圾箱，左右分別寫「有機垃圾」及「一般垃圾」，我丟一衛生紙，不知丟何箱？衛生紙是有機？還是無機？真是不懂。

路過一公園，有幾個年輕人幫老年人免費洗髮，他標榜是「善心服務」，我覺得他們是實習生，找些人頭免費理髮，試試手藝，反正老頭子頭髮即使剪壞了也不打緊。在上海之行結束去蘇州，因為第一次，參加自費「一日五個遊」，便宜但毛病多。

第一次去蘇州寒山寺，好不容易下車，上了個廁所，看到寒山寺一塊碑，上書「月落烏啼霜滿天……」才念第一句，導遊就說：不要念，沒時間，我們去下一個景點。才停留五分鐘就走，這哪有旅遊品質可言！

台灣人，清醒一下吧

台北街頭，許多老字號店已不復見。衡陽路，原先是書店街，包括大陸書局、東方出版社、金石堂皆先後關閉，剩餘的是食品店伍中行仍在。奇怪一間大店面賣了一大堆傳統中式食物，我經過幾十次，每一次店面內沒有人，它還能活下去。

老字號上海大藥房，因藥品種類多、名號在，故客人不少，另外剩下的是二二八公園門口公園號仍在，昔日它是以傳統三色冰淇淋、冰鎮酸梅湯出名。但現在客人少很多，只得半個店面賣酥餅、蔥花燒餅。我有時經過，因太胖不適合吃冰淇淋，改買燒餅。一間店面要撐過百年，確實不易！東西要迎合多數人胃口不容易，但傳統中式店面減少，取而代之，台北市滿街都是日本食物或藥妝店（如Tomod's）、拉麵、炸豬排、yamazaki麵包店等。

奇怪，台灣人為何如此偏好日本食物？在日本遊玩時吃不夠，回到台灣繼續吃。台灣從美國、中國賺的錢都奉送給日本大哥哥，問題是日本對台灣好嗎？一個釣魚台更名，即知曉日本的民族性。台灣人，清醒一下吧！

輯九　人物動物

周遊列國，熱愛旅遊教學；
愛江山，更愛美人；
外婆的澎湖灣、鸚鵡大鳥琉璃金剛……。
萬物萬象，謂為奇觀！

英國不及格的衛兵

去英國，看騎兵表演，是賞心悅目之事，如果沒騎兵表演，看衛兵站崗也還行，聊勝於無。在皇宮附近之衛兵，雄赳赳氣昂昂，但因太多遊客參觀且互相推擠。有時他們斜眼看人（因他們頭、身體不能動，故只能斜眼）。有一老外，不照衛兵，不知想照啥？在另外一邊之衛兵就更不守規矩，眼斜頭也歪，兩手互相交叉（不知是否怕冷），此衛兵按照台灣中正紀念堂衛兵之標準是不及格的。

十個小燈之放大鏡

二〇一八年去中美洲旅遊，團中有一位蘇先生，人老，但心地善良，只是常忘東忘西，旅遊第二天就將搔癢的棍子遺失。他帶了一個有十個小燈之放大鏡，晚上亦可用，因有亮燈且可放大，故讀起書較輕鬆。我年紀已大，也需要一把。問他在何處購買？他說中國大陸。他有時漫不經心，一次在某教堂前面，導遊介紹教堂歷史有二十分鐘，他突然問了我一句，這裡是教堂嗎？站在教堂前面問我此建築是否為教堂？害我不知如何回答！就像碰到人，我問他，你是人嗎？一樣的版本。

愛江山更愛美人

我在大陸旅遊時曾造訪浙江雪竇山，此為東北元帥張學良被軟禁之處。個人喜讀歷史，也了解張學良一生在歷史之定位。張學良出生東北，因父親被日本炸死，年輕時人稱少帥，又掌握東北軍，北伐抗戰時，投效蔣介石。但因對日、對共產黨的理念與蔣介石不合，蔣希望先消滅共產黨再抵抗日本，所謂「安內攘外」。而張學良希望先對抗日本，尤其在瀋陽九一八事變後，更加痛恨日本，此為後來西安事變之主因。其實張學良請蔣介石去西安，並非要殺蔣，而想力勸蔣先對付日本。

蔣介石個性，吃軟不吃硬。故從西安返回南京後，即逮捕張學良、楊虎城。楊下場悽慘，全家及祕書七人被殺。而張學良因原配俞鳳至與宋美齡關係甚佳，饒命不死，但之後，長期軟禁。先在浙江雪竇山，之後張學良一九四六年安排來台，先後居住於高雄壽山、西子灣、新竹縣五峰鄉清泉部落，最後落腳在台北市復興崗。張在一九一九年與俞鳳至結婚，一九二四年又與谷瑞玉結婚，一九二六年與趙一荻相識，趙女士在家排行第四，又稱趙四。

一九六四年七月張在台北與趙四結婚，最後張軟禁期間，張都是由趙四照顧，二〇〇〇年趙四過世。二〇〇一年張在夏威夷過世，享壽一百歲。此次到新竹縣五峰鄉，一來出外看看，一來憑弔兩位曾在此停留的歷史人物，一為張學良，一為作家三毛。

張學良紀念館位於五峰鄉清泉部落，環境清幽，有山有水，有吊橋。紀念館有張與趙四雕像，旁有一塊石碑上寫：不怕死，不愛錢——磊落光明度餘年。我覺得前二句是真心話，但第三句未寫「愛美人」，不符合小蟲一首好聽的歌曲《愛江山更愛美人》。張學良其實是愛國主義者，一生有二位能幹美女，一位為俞鳳至（一九一六～一九六四年），一位為趙四（一九六九～二〇〇〇年）招呼他，他又活到一百歲，此生應該無憾了！

不要問我從哪裡來

張學良故居旁有一吊橋，過了吊橋到三毛夢屋，三毛租在此紅磚屋三年，命名為夢屋。此屋位在清泉幽靜之地，成為三毛暫時的停留處以及尋找靈感地方。三毛夢屋是租來的，目前由原房東第二代在管理，門口入處貼一告示牌，參觀要收清潔費二十元可抵消費，奇怪二十元也要收嗎？二十元可抵什麼消費？門口有一棵肖楠樹，種於一九四九年，是三毛靜坐的地方。入屋內，可看到三毛以前的作品。我買了三本書，《清泉故事》、《剎那時光》、《蘭嶼之歌》。有位房東介紹三毛之夢屋，大部分中老年人都在聽，有少數年輕人只是純粹來走走，一邊玩手機，心想，管它幾毛！介紹一下三毛吧！

三毛本名陳平，浙江人，一九四三年生，祖籍浙江定海縣人，出生於重慶，成長於台北。畢業於文化大學哲學系、西班牙馬德里大學文哲學院、德國歌德語文學

院，是台灣一九七〇～八〇年代著名作家。三毛這一生摯愛的人，為西班牙人荷西，與他結婚，但荷西卻因意外而喪生，此對三毛為非常巨大的打擊。她有非常多名著作，包括《撒哈拉沙漠》、《雨季不再來》、《滾滾紅塵》、《我的寶貝》，她亦為《橄欖樹》歌曲的作詞者，非常有才華。然不幸的是，她在一九九一年一月四日，在台北榮民總醫院病房浴室內上吊自殺，當時為轟動一時大新聞。三毛她雖僅活四十八歲，但她一生也夠讓人回憶。此次造訪她的夢屋，宛如她就在現場，在那兒創造她優質的作品！

塔吉克的踢正步

在中亞細亞塔吉克首都一紀念廣場，看到衛兵交接，他們踢正步，有板有眼，此需長時間扎實訓練，方可達成上級要求。我記得在國防醫學院念書時，有一次暑假，我們亦要練習踢正步，但我當日鞋帶鬆掉，鞋子本身也大，當踢到一半時，鞋子居然踢到天空，落下差點砸傷前面的同學，這哪像受過正統訓練的軍人！

中亞五國，他們的傳統服飾非常有特色且古典。本團有一位女士看到當地小妹妹、小朋友就合照，而當地年輕朋友對於我們這些觀光客非常友善，來者不拒。台灣人真愛照相，天上地下，任何花花草草都照，照完有何意義也不管，尤其年輕女孩，一下子擠眉弄眼，一下子嘟嘴巴，一下子往上跳，名堂太多了，不勝枚舉。

麻將桌邊做CPR

閒來無事，打打撲克牌、麻將，其實是不錯的消遣。因為如果無話可聊，大眼瞪小眼，話不投機三句多，有時會發生吵架，甚至打架可能性！有次在大陸旅遊，四個年輕人圍桌在打牌，但不是撲克牌，他們打的聚精會神，我插個話問（這是何種牌？），他們居然對我這位長者不太尊敬，說沒閒工夫跟你說，大爺你先離開，別吵著我們！我自尊心嚴重受損，悻悻離去！

父親九十歲了，已有胃癌，放鼻胃管灌食。因肺不好，有時要吸氧氣，但他仍需要我們陪他玩四～八圈麻將。他雖老，但頭腦清楚，奮戰不懈，我這個做兒子的，非常孝順，從不敢贏他錢，他放沖或我自摸，有時得放棄，故只要老爸在桌上，我十打九輸。還好麻將打的小（十元），否則他輸太多，心情不好，一下子中風或心肌梗塞，那我還得在麻將桌邊做CPR！

古廟照像一人一個樣

母親六十歲大壽時，全家十二人（我、大妹、二妹、小妹及父母親）去桂林遊玩，中途經香港，停留一天。猶記香港女導遊帶我們去逛珠寶店，母親、大妹、二妹、小妹和內人共買了五隻玉鐲，都付美金。導遊眉開眼笑，晚上請我們吃水果。但爾後五～十年，所有鐲子都變色，白變黃、綠變黑，都給騙了！也無法換回。說戴玉可避邪、可避傷，但母親卻摔了好幾次，也骨折過。所有賣東西的說詞，大部分是誇大不實的。

在桂林旅遊途中，一古廟前，我給四個小孩拍照（我兒子最右邊，女兒在左邊第二位，另兩位為二妹之兒子、女兒）。我照相前，還說看我這邊，但一按快門，四個小孩全沒看我，還一人看一邊。照相時，要四個人完全不理會，各看一邊，還真是不容易！

卡布里島的背影

二〇一五年五月去義大利旅遊，從北至南，最南端之旅遊景點為卡布里島（從小有首兒歌，即為卡布里島）。未搭船前，在岸邊有人偷照我的背影，我事後一看，噢！真是老了，況且背影比前照難看。看到背影，想起年幼時讀的朱自清《背影》，描述父親帶一簍橘子給兒子，車站送行，走路時之背影。我沒橘子可提，又被別人偷照一張（背影）。

在卡布里島，最熱門是搭船進入藍洞，但如果天候不佳，或漲潮，則洞口變小，小船無法進內，則藍洞之景點泡湯。但當日船夫卻不告知，騙你上船才有錢賺。船行時，還帶著我們唱義大利民歌《聖塔路琪亞》，大家唱得高興，就不得不給小費。其實船夫已知今日無法入藍洞，我們陪著船夫唱歌，又給小費，但最重要的藍洞卻無法進入。最後船夫說一句令人喪氣的話——下次再來，我哪可能再來！

斯普利特的戴克里先宮

在克羅埃西亞旅遊第二天，我們一行人前往克羅埃西亞第二大城市斯普利特。此城市是位於亞德里亞海東岸，從古羅馬戴克里先宮開始建造，應有一千七百年歷史。參觀戴克里先宮，路過一公園，見一流浪漢，吃盒裝食物（可能為生力麵）。然眾多鴿子在跟他乞討，鴿子其實不識相，流浪漢跟人乞討，好不容易有點食物可果腹，三餐已不繼了，鴿子應該同情他一下，別再跟流浪漢乞討了！此城市為一山城，許多地方需爬樓梯，老年人膝蓋不好，腿無力，骨鬆身體前傾，爬樓梯尤其下樓梯，不小心，就摔跤。大腿骨折在老年人增加百分之二十死亡率。然古城哪有電梯可搭，老年人，只有自求多福了！

在古城參觀，多處有古羅馬之建築。天氣非常熱，到一地下室稍涼快，但正巧有四人合唱團，他們應屬於街頭藝人，但穿著打扮非常高檔。可能因正規表演少，收入不佳，故到街頭表演，打零工，賺點小費。他們演奏古典樂曲，其實團員大部分都聽不懂（還是裝一下懂），演奏完後接著賣他們自己錄的CD，然近二十團員立刻就鳥獸散。我心腸好，有點音樂素養，知道他們養家活口不容易，硬是掏了十歐元，買一張，算是維護了台灣旅遊團在國外之高水準。然台灣人大多數都亂買，尤其去日本，買了幾箱合利他命，當作禮品送給親朋好友，吃下去，都拉出來，對身體一點作用都沒有！

瑪麗蓮夢露雕像

有一年去芝加哥開會，路過一大樓門前有美國二十世紀五〇年代最性感之女明星瑪麗蓮夢露雕像。她於一九二六年出生於美國ＬＡ，而於一九六二年死亡，死因是巴比妥酸鹽過量，但事實上死因不明，有些認為與甘迺迪家族有關。因為約翰甘迺迪與弟弟羅伯特甘迺迪都曾與她有染，且夢露知道太多關於甘迺迪家族的祕密，故有可能安排此殺人計畫。後來約翰及羅伯特二位兄弟先後被殺，此事已成懸案。古人云紅顏薄命，可印證在此風華絕代之女人身上。她曾主演過一部電影，至今我還記得，那就是《大江東去》。有一首歌——看流水悠悠，看那大江東去不回頭……，人生就走一回，走了就像流水一樣，永遠無法回頭。左

圖為人，右圖為植物毛地黃。此為中藥，萃取後可治療心衰竭。中國許多植物，其實需要好好研究，搞不好，也有對抗現今之病毒，如Covid-19（新冠病毒）之中草藥。二〇一五年諾貝爾醫學獎得主，為中國大陸屠呦呦教授。她長年從事中藥青蒿素研究，證實青蒿素能毀滅已對奎寧產生抗藥性的瘧原蟲，可有效治療瘧疾，尤其幫助非洲窮困人民。此結果讓華人揚眉吐氣。而得到諾貝爾獎的屠教授完全土生土長，未喝過洋墨水，誠不容易！

綠島小夜曲

我擔任風濕病基金會董事長六年期間，大家稱我為周董，但不是周杰倫之周董。每隔二年舉辦風濕病民眾衛教活動，有一次我請施明德先生前來（特別來賓）致詞。我跟施先生之認識是因為他有一種風濕病，而我在三總任風濕科主任，上級有一次派我去綠島看他。當天有小颱風暴雨，我們五人包括（三總骨科、放射科主任等），從台東坐小飛機飛綠島。狂風暴雨加上目視飛行，飛機真的差點掉下。我坐在機上一路瘋狂地禱告（從觀世音菩薩、佛祖，到耶穌、默罕默德，甚至到莊子、老子、孔子等）。幸好命大，飛機安全降落。第一次見到施先生，他非常有禮貌，跟我微笑握手，但因未有民間醫師前來（我們幾位皆是軍方醫師），有所顧忌，結果未讓我檢查。我們幾位無事可做，風雨也仍未停，最後去綠島著名之冷泉、熱泉泡泡，順便唱一下小時候非常有名的《綠島小夜曲》，感覺沒白跑一趟（其實是白跑一趟）。過了一個月，我又去了一趟，方知施先生是我在雄中的學長。施先生半輩子因政治因素被關，但他是我敬佩的人，因為他有一種堅持不拔的個性。不像現在許多政治人物是牆頭草，沒有原則，東倒西歪。

人生苦短，掌握當下

參加北京大學風濕免疫學系成立大會後，順道去北京中華民族博物館一訪。不知何緣故，此少數民族之博物館沒太多人造訪，可能現代年輕人沒啥興趣。然周某人一直對少數民族有極大興趣，事實上中國除了漢民族外，另外五十五族皆為少數民族（包括狀族、滿族、回族、維吾爾、苗族、彝族、土家族、藏族、蒙古族等……）。因時間關係，僅去幾個大族走走。少數民族身穿傳統服飾，與來賓共舞，他們在當地村落生活雖艱苦，但他們是快樂的。要在少數民族行醫，如果是精神科醫師可能沒飯吃，因為他們沒太多憂愁，不像城市裡的人，每日在計算如何賺別人錢，如何壓榨別人，讓自己出頭！二〇一一年內人在照片中仍顯容光煥發。哪知，二〇一二年底即得肺腺癌，而於二〇一四年辭世，人生苦短，掌握當下。

女兒的婚禮

女兒周淑儀，從小就惹人憐愛，因個子小，我從小稱她為淑儀小妹，而兒子則稱為崇傑吾兒。小妹十四歲時，即赴加拿大念中學，其原因為台灣之教育不正常。為了升學，一直壓榨學生，補習、補習、再補習！第一次去加拿大離開她時，我真的很不捨，因為她必須在海外獨立自主。她也能吃苦，大學進入溫哥華最好的UBC，學海洋生物，畢業後再去修營養學一年。求學期間，我一年去看她一～二次，其他時間是內人在照顧她！她畢業未久即考取空姐，到了屆婚年齡時，她跟我說一、她要嫁洋人；二、她不要生小孩。我是開明父親，全部答應。她中間經歷過空姐、地鐵工作人員，再到空姐，全部她自己完成的。二〇一一年她與加拿大白人**Brandon**結婚，地點選在墨西哥坎昆。初聽墨西哥嚇一跳，因為此國以販賣毒品出名，後來方知坎昆是一度假勝地。因路途遙遠（從台灣去，要二十多個小時），本來要大撒喜帖，

賺一票酒席錢，誰知沒人去（飛機票要八～十萬元）。當天我們入住 **Royal Playa del Carmen** 酒店，此酒店任何東西都可吃到飽。二〇一一年內人尚未生病，看她在海邊擺姿勢照相，不簡單。結婚當天，連主婚人賓客共六位，幸好海邊許多遊客，可當作賓客。我的女婿身強力壯，脫衣服共有八塊大肌肉。而我不敢脫衣服，因為一塊肌肉都沒有，我只有一塊肥油大肚子。坎昆有一著名之景點——其琴依扎，此為馬雅人祭祀之處，類似埃及金字塔。電影《阿波卡獵逃》，即描述其琴依扎為以前君王用活人獻祭太陽神之地點。思之，不禁捏一把冷汗。

陝北延安遊

二〇一八年七月去陝北，有機會去毛澤東以前待過之延安一遊。延安市，簡稱延，古稱膚施，是中國一地級市，位於陝西省北部，地處黃土高原，是天下第一陵——中華民族始祖黃帝陵寢所在地，是民族聖戰，中國革命聖地，也是長征之終點站。

早期胡宗南部隊在陝甘寧戰役中，曾將共產黨驅離於此，但最後又被共產黨拿下，所謂誓死保衛延安。毛澤東在延安待過一段時間，住在窯洞，居家簡單，也曾種過田。毛澤東寫了許多書，包括打持久戰。毛澤東學識豐富，早期有一重要謀士為周恩來，數次國共和談，周恩來皆佔上風。而老蔣則輸在沒有像周恩來謀略之士，且個性剛愎自用，大陸大好江山在幾年內，滿盤皆輸。故領導人必須用人唯才，不可搞小圈圈，則國之強盛，指日可待。

廈門鼓浪嶼國民外交

去廈門鼓浪嶼一遊，中間休息沒事時，與當地老人聊天，順便義診。老年人是屬於寂寞的一群人物，平常在家，發呆時候居多。現代年輕人平日工作，假日出去遊山玩水，哪有時間跟長輩老人話話家常！在家門口，鄰居街坊有老年人，則可小聚，隨便聊聊。我已年過半百又是醫師，擅懂老人心理。廈門國語不通，可講台語，偏偏我台語不靈光，故夾雜國台語（雙聲帶）與兩位老人閒談。

一看兩位老人走路不穩，膝蓋內翻，以筆者經驗，火速診斷她二人有退化性關節炎，順便告知如何保養膝關節。因我有個規矩，在醫院以外看診，一律不收費，到了醫院，則需收費。此為義診（全名為義務看診），故不收費。聊了一小時，他們高興，我也高興，因為我能發揮所長，又作了一次成功的國民外交，豈不樂哉！

二〇〇八年五月十二日下午十四時二十八分四川汶川大地震，共造成六九二二七人死亡，一七九二三人失蹤，規模八．二級，此為一九七九年七月二十八日凌晨三時

四十二分唐山大地震後最嚴重之大地震。每次地震中皆有許多感人、感傷的故事。如此次汶川大地震，有一母親在地震房子倒塌時，以身體護住一小嬰兒，但在手機上寫著：親愛的寶貝，如果你能活著，一定要記住我愛你。此嬰兒當救出時，仍活著。另一對夫妻則抱著已過世之女兒哭喊著！上述之親情，皆顯示人在危難時，其人性光輝表現。

當人活著時，父母要照顧子女，子女要尊敬父母。當地震或天災來臨之時，如平日不孝順父母，子欲養親親不在，即使活著，為時已晚！四川臥龍是熊貓基地，地震時，熊貓受驚，而當地竹子不夠餵食熊貓，不得已，熊貓改成吃粥，此粥為何種粥？（廣東皮蛋瘦肉粥、大腸粥、海鮮粥、鹹粥、白粥加豆腐乳），不得而知。

世界關節炎日園遊會，外婆的澎湖灣

我二十多年前創立風濕病基金會，主要目的為推廣民眾對風濕病認識。每隔二年，在不同地點，舉辦世界關節炎日園遊會（每年十月第二個星期日為世界關節炎日）。第一次在天母運動廣場舉行，當日請了明星李威（推廣僵直性脊椎炎）及歌星潘安邦，因上述二位明星號召，加上我事先大力宣傳，故前來捧場民眾不少。以前曾有經驗，明星一來，觀眾就來，明星一走，觀眾也走。我靈機一動，將摸彩（包括摩托車、筆電、電視機）擺在最後時段，許多人衝著摸彩就主動留下。現在辦活動，如何招來民眾，誠屬不易。當天潘安邦還高歌一曲《外婆的澎湖灣》，此是他的招牌歌曲，由葉佳修作曲，描述住在澎湖的外婆，此曲連大陸人都耳熟能詳。有一次請大陸風濕科專家來台開會吃飯時，大家共同唱此曲，非常轟動。可惜潘安邦不到六十歲因癌症辭世，令人唏噓不已！澎湖有二位眷村之小孩成為著名音樂人，一為潘安邦，一為張雨生，唉！為何兩位有才華之人皆早逝？

蒙古成吉思汗

中國古代最叱吒風雲、勇猛善戰、橫掃千軍，征服中亞、歐洲的人物，當屬蒙古成吉思汗。成吉思汗征戰三十多年，不光是攻城掠地，他好女色，到處散播他的種！故有一說，在基因傳播方面，成吉思汗可能是歷史上最成功的。英國牛津大學，在基因研究方面，是世界一流的。許多歐美有名的教授、演藝人員、政治人物可能都是成吉思汗後代。我周某人，沒啥名氣，但稍有成就，身上是否有成吉思汗血統，得坐飛機去英國牛津檢測一下！其實，想起來，我應不是成吉思汗後代，除了會念書，但武打騎馬皆弱，真不像成吉思汗後代。

4 环球时报 新闻背景 第 1174 期 2006 年 6 月 5 日 星期一
编辑 王跃西 美编 吴 妍 电话(010)65369569

牛津基因专家接受本报专访

成吉思汗后裔发现始末

本报驻英国特约记者 寇维维

“我是成吉思汗的后人”，这个结论让美国教授汤姆·鲁宾逊特别自豪，而他也是亚洲以外第一个被确认为成吉思汗直系后裔的人。一个美国人，怎么成了成吉思汗的后裔？本报记者找到了鲁宾逊，并采访到给他做检测的牛津大学人类遗传学教授布赖恩·赛克斯，探究惊人消息背后的传奇故事。

计划和妻子蒙古探祖

几年前，美国人兴起追溯家族历史的潮流。鲁宾逊是佛罗里达州迈阿密大学会计学副教授。2003 年，他也对自己的家史产生了浓厚兴趣，但他掌握的资料十分有限，研究困难。后来，他看到一本书名叫《夏娃的七个女儿》，作者是牛津大学人类遗传学教授赛克斯。鲁宾逊把自己的 DNA 检测样品寄给了赛克斯教授开办的牛津祖先基因检测公司。检测结果很快出来了，鲁宾逊母亲的家族可能来自欧洲大陆，父系祖先来自高加索地区，高祖父是从英格兰移民美国的。最近，牛津祖先基因检测公司将成吉思汗 DNA 的研究结果应用到所有做过 Y 染色体（父系）检测客户的数据库中，人们意外地发现，鲁宾逊的 Y 染色体竟然和成吉思汗的惊人地一致：在 9 个遗传标记中，有 7 个和成吉思汗的完全一致，另外 2 个不同的遗传标记可能经过了变异。于是，成吉思汗的第一个高加索（白人）、第一个美国的直系后代被发现了。

鲁宾逊以前绝不会想到自己和在很多西方人眼中被视为“战争大帝”的成吉思汗有什么联系，当他得知自己是第一个亚洲以外被确认为成吉思汗后裔的人时，特别兴奋。他开始阅读有关这位曾拥有世界上最大疆土的领袖的书籍，有关他的帝国、政府和政策，读得越多，越对他们之间的联系感到兴奋。记者问这个发现对他的生活有什么影响时，他说，这鼓励他对自己的家史做更多研究，而且已经计划好和华裔妻子到蒙古探寻祖先的遗迹。

无论走到哪里都带个棉签

牛津祖先基因检测公司创始人赛克斯教授颇具传奇色彩。他今年 58 岁，是牛津大学人类遗传学教授，兼任英国议会下议院科学顾问，在国际遗传学界是个重量级人物。他的研究主要涉及对线粒体 DNA 的分析，通过分析绘制出目前最完整的人类基因图谱。他利用 DNA 分析法探索人类进化过程中发生的一些重大事件，参与过一些著名的 DNA 案例分析。赛克斯教授喜欢向人们展示藏在他们 DNA 中的惊人故事，无论走到哪里，他都随身带个棉签，从陌生人那里采集基因标本。赛克斯教授撰写的《夏娃的七个女儿》出版后，立即成为欧美畅销书，很多人请他帮助寻找自己的祖先。后来，赛克斯教授出版了《亚当的诅咒：一个没有男人的未来》，说未来两个卵子结合也能产生后代，在自然选择的过程中，男性将彻底消失，引起一片哗然。

汤姆·鲁宾逊

成吉思汗像

布赖恩·赛克斯教授

独家报道

牛津祖先基因检测公司位于牛津城北部，员工约 10 人，原是校办企业，后来脱离了牛津大学。公司介绍中称，这是世界上第一家私人 DNA 分析公司，通过分析人类个体与祖先的共享 DNA，使人们了解祖先，甚至是 3.5 万年前的祖先情况。目前，该公司为人们提供父系、母系和家族图谱等近 20 项服务，平均价格为 150 至 200 英镑。公司成立以来，已经为 1.3 万人做过祖先分析。

在基因传播方面，成吉思汗可能是历史上是最成功的

据估算，目前全世界有约 1700 万人是成吉思汗的直系后代，约占全球人口的 0.5%，其中甚至包括了英国皇室等。牛津祖先基因检测公司 2004 年启动了名为“Y-Clan”的服务，专门为确认成吉思汗后代而设计，价格为 180 英镑。赛克斯教授介绍，姓氏和 Y 染色体之间联系紧密，分析 Y 染色体能建立被测试者和祖先之间的联系。测试方法很简单，只需用棉签从被测试者口腔后部沾取一些唾液样本拿去分析即可。绝大多数 Y-Clan 代码和姓氏一样，从先人继承而来，一个人的 Y-Clan 代码可以和其他具有相同或类似姓氏的进行比较。但 Y-Clan 测试只能用于男性，因为只有男性才有 Y 染色体。如果女性也想进行这项测试，看是否是成吉思汗后代，必须使用男性亲属的 DNA 样本。Y-Clan 测试一般需要 6 个星期。

成吉思汗的时代距今已 7 个世纪，牛津祖先基因检测公司没有成吉思汗的 DNA 样本，测试结果是否准确？赛克斯教授说测试精确度值得信赖。10 年来，他们分析了无数现居住在原“蒙古帝国”境内的男性居民的 DNA，大量亚洲男性的 Y 染色体相同，而且这一 Y 染色体源于一个生活在 13 世纪早期的男子。成吉思汗生于 1162 年左右，卒于 1227 年，在蒙古大军横扫欧洲大陆的过程中，他拥有了数百甚至数千名子孙。因此，他最可能是这一相同染色体的来源。赛克斯教授说：“在传播基因方面，成吉思汗可能是历史上最成功的男性，他将他的 Y 染色体传给了儿孙，儿孙继承了他的帝国获得了进一步传播的机会。现在，这个 Y 染色体广泛存在于亚洲地区，但我确信，它的传播范围还要更广。”

成吉思汗第一个高加索后裔被发现在欧美掀起了一股成吉思汗热，人们开始重新审视这位“无论走到哪里都要征服一切”的帝王，开始研究他的军事谋略和政治统治。不过，赛克斯教授说，这个发现不仅证明了成吉思汗拥有的疆土非常广阔，更重要的是，说明人类种族之间本是紧密联系的，不存在任何“纯种”种族，各种族之间是平等的，没有高下之分。▲

新疆維吾爾人

曾參加新疆烏魯木齊，兩岸風濕病高峰論壇。白天開完會，晚上去一飯店，除了吃飯外，尚有維吾爾族表演，包括走鋼絲、歌舞秀。維吾爾族是生活在歐亞大陸內突厥語民族，主要分布在新疆南部和中亞地區。大部分維吾爾族人信仰伊斯蘭教遜尼教派，在新疆維吾爾人約一千一百萬。這些舞蹈女孩，個個漂亮像中東人。但跳舞時，我突見一牆角，放了一個毒餌盒，不知要毒誰，可能是大老鼠。吃飯時，一服務員漂亮親切，我隨即請她合照一張，馬上詩興大發，作一首小詩——維吾爾姑娘，美麗大方，絕不是毒餌。

三姊妹三頂峰

張家界十里畫廊某個山頂，有三個突起的山峰，名為三姊妹山（假人），適合拍照。事實上山腳下也有個三姊妹（真人）。友人替我在山下拍照時，原孤零零一個人，突然跑出三姊妹，左擁右抱跟我拍照。照完後，以為天上掉下來之豔福，但三姊妹跟我索取（陪照費）每人十元人民幣。經不停地討價還價，最後，一人五元成交，真是倒楣。以後照相需機靈點，千萬別傻呼呼地在三姊妹山下照相！

誰是假韓國人？真韓國人？

十年前，曾去韓國釜山開會，釜山為韓國第二大城，為港口城市，其實是一個無聊城市。第一天上午開完會，下午坐車時，一路不平顛來顛去，好不容易到達一海港區，一看，怪怪！以為來到大陸。因為此地為觀音聖地。除了觀音像外，居然還有彌勒佛，全是中國的。然韓國人自從近二十年來國力強盛以後（以前很窮），加上有美國人撐腰，就開始驕傲起來。除了盡量不使用漢字，最過分的是居然說孔子、中秋節都是韓國人的！真是不要臉！

因為早時，韓國女子都是大圓臉很醜，最近有錢後，即開始進行全身改造，尤其是臉部美容，從燒餅臉變成瓜子臉，水桶腰變成楊柳腰。而且幾乎從十八歲以後（進入大學後，聽說父母都會給女孩一筆美容基金）。人人皆美容，都想美容成像宋慧喬一般，故全世界最興盛的美容業在韓國。未美容的韓國小女孩，臉都比我大。第二天在釜山沒事幹時，坐在百貨公司門口，觀看路過之韓國女人，每個人像一個模子刻出，誰是假韓國人？真韓國人？你猜猜看吧！

智利 Pucon

在智利旅遊途中，路過一觀光聖地（Pucon），之後，在一小鎮Viarrica找到一民宿。此民宿為本地特色之一，通常有數間房及廚房設備，類似台灣最近到處亂蓋之民宿。抵達民宿時已近深夜，只見一老婦帶著五條狗，衝著我們而來，狗通常對陌生人不懷好意，一直在我旁邊打轉，當然我的血壓又升高不少。睡到半夜，忽聽窗外怪鳥長鳴，且鳴甚久，似乎有心事無法舒緩，當然我的睡眠也被牠打斷了。再想到有一首黃梅調老歌《郊道》中亦有怪鳥長鳴，真是讓我有點心驚。然怪鳥終究不能長鳴，早上六點二十分左右，雞叫取代了「鳥叫」。

兒時，早上雞鳴鴨叫的景況又浮現出。其實有些人不如雞鴨，尤其現代的年輕人，「早上不起床，晚上不睡覺」，比起雞鴨，我們需汗顏。吃完早餐後，在小鎮附近轉一圈，此時眼見一大湖即高興不已，在旁小照數張後，去加油站加油，然見野狗甚多且兇猛，也許很久沒見到「華人」，對我們不停地狂吠，我也不知如何安撫牠們，也無法給牠們小費或食物，只有加了油後，揚長而去。

縴夫拉船之景

縴夫是指以體力用縴繩拉動駁船為生的人。其實，在十六世紀即有此名詞。縴夫通常不穿衣服，因為他們多是家庭貧寒人士，如穿衣服，汗內鹽及繩索的磨損，衣服幾天即損壞。此名詞在漢朝出現，形容牽繩拉船的人。我在十年前，最後一次長江三峽封閉之前，我從重慶上船，有機會看到縴夫拉船之景。因交通閉塞，經濟落後，直到八〇、九〇年代，拉船還一直是長江三峽河道特有的風景。

湖北巴東少數民族的裸體工作，一直成為三峽的重要文化旅遊資產。巴東人他們世代都在作此工作，有時一條船，祖孫三代都在拉，問他們拉船時不穿衣服是否不好意思？他們說長江三峽內，人煙罕至，裸體沒人看！回答真好，看看他們，想想自己多幸福。本團遊三峽時（三天二夜），許多台灣遊客打了三天兩夜麻將，到了巫峽，船上廣播說，請大家到甲板上看看（除卻巫山不是雲），但台灣同胞們說有啥好看？不是山就是水，沒啥好看，繼續打麻將，打到天長地久才罷休。

歐洲有山、森林、古建築物，值得一看

歐洲開會，常早去晚回，現在如果去歐洲開會，時間抓得緊，晚去也得早回。風濕科最近有許多新藥，尤其生物製劑。國外活動頻繁，開會中間及結束，常要到當地去旅遊一下，以免舟車飛機勞頓，啥都沒看到就回家，真是心有未甘，何況我一直以旅遊達人自居。然我有一位婦產科同學，虔誠教徒，去歐洲開會前一晚到，開完會當天晚上即迅速返台；在他心中，信教、傳教比旅遊重要。在歐洲到處都有阿爾卑斯山、有森林、有古建築物，都值得一看。此次開會共有四位醫師（包括我），風景好看，人心難看，尤其是醫師，很難猜透他們在想什麼。四個人，一人一條心，要團結還真不容易。

演講中暫停，如廁

到山東去泰安人民醫院演講。院長為一中年女性，原為新陳代謝科醫師，性情豪爽。當晚用餐除了院長外，還有該院醫務主任及風濕科醫師作陪。距離晚上演講還剩一小時，我個性稍急，一坐定，即舉杯先向院長與大家致謝。哪知，此冒犯山東孔子家鄉之規矩。院長請我放下酒杯，說泰安（距孔子曲阜老家二、三十分鐘車程）規矩甚多，通常宴會主人須先致詞，之後，主人會先舉杯歡迎遠客來訪，最後大家才互相敬酒。

怪怪！泰安、曲阜真是有學問的地方。我到山東來之前，真該先唸點古書，必須入境隨俗，否則失禮。禮失不打緊，「中華民國」的名號被我丟光了。我因要演講，加上院長一席

話，我突然變得文靜了，不主動敬酒。誰知這樣更慘，席中，院長敬我三杯，醫務長敬我二杯，其他人敬我三杯，總共八大杯啤酒，喝得微醉，此時突「詩性大發」，想詠一首詩，但因在孔子故鄉及專家面前，不敢放肆，收回我的小口，只得拚命吃「魯菜」。在演講前二分鐘，將膀胱內漲滿之尿解放。我演講時間為五十分鐘，但講了二十分鐘，膀胱又漲滿了，我此時心開始慌了，還要忍耐三十分鐘。八大杯啤酒進入身體內，像石門水庫洩洪一樣，全部往我的腎臟膀胱內灌注。在演講三十分鐘時，臉已漲紅，兩腿發麻無力，腹內膀胱下墜，兩手開始發抖，實在撐不到五十分鐘。我在第四十分鐘即「告急」，講述自己生平第一次演講，因小便太多，膀胱即將炸破，故非得暫停五分鐘不可，此時才瞧見院長仍在座。我飛奔出門，走廊甚黑，到處亂跑，差點撞牆，才發現一女廁，顧不得「禮義廉恥」即往內衝，待鬆開褲子後，小便即如「尼加拉瓜大瀑布」，傾洩而下，蔚為奇觀。

解了約五分鐘，才拖著疲憊的身軀返回講堂，此時見眾人皆暗笑。但幸好，幾乎所有觀眾都在，不會因小弟如廁，大家皆尿遁。此分析有三點可能：一為孔子故鄉，大家尊師重道；一為小弟講得太精彩，最後十分鐘精華一定要攝取才留下；最後為院長在座，誰敢開溜。我經歷了此次「演講中暫停，如廁」之打擊，以後在演講前絕不喝八大杯啤酒，以免流傳下去，周老夫子演講中，不是因 coffee or tea break（咖啡或喝茶暫停），而是因「urine break」（小便暫停）。

跳起舞來，山河震動

小弟每次去國外旅遊，一下車第一件要事即為上廁所！有一次遇見在北京郊區附近有一個紅色之中餐廳（宣揚中國共產黨豐功偉績），內有一廁所居然用（解放區）三個字代表廁所。其實想想也對，中國大陸以前用解放軍解放大陸，上廁所，其實也是一種解放，故（解放區）其實是一很好的點子，只怕老外看不懂。二〇〇七年有一次去土耳其伊斯坦堡開會，結束後去夜店觀摩中東有名肚皮舞。

土耳其餐是全世界最難吃的餐點，但肚皮舞還有點看頭。跳肚皮舞，其實並不容易，我也被邀上去跳，但見全身動，肚皮太大動不了，眼睛倒是動不停，因為舞者甚美。台灣也流行跳肚皮舞，但有些舞者，中年女性，肚子比我還大，跳起舞來，山河震動，我看他們還是在家歇著比較好。

周遊列國，熱愛旅遊教學

本人一生，如孔子般，教學不倦，有教無類，人多可教，人少亦可教。孔子喜旅遊，故寫周遊列國，我亦愛旅遊教學，但周遊全世界。猶記十年前，我的學弟骨科唐醫師請我去斗六演講（他當時服務於斗六成大分院），我搭車到雲林，再坐車一小時才到演講飯店（一趟三小時，來回六小時）。當日去，準備開始演講，只見唐醫師急如星火，到處拉醫師，最後僅有他一人兼主持人聆聽，我照樣滔滔不絕講了一小時。會場內共三人，一人為我（講者），一人為聽眾（兼主持人），一人為藥廠代表（放幻燈片）。此為我一生，第一次為一人服務之演講，永銘在心。

有一次在榮總院內給學生上課，討論一病患皮膚、關節之異常，見一女性患者，我說你皮膚為何如此黑，是否有硬皮症？但患者立刻回應，周主任，您為何戴墨鏡給我看診？因為天氣熱，太陽光太強，在外面戴墨鏡進入屋內未脫，真是羞愧死了，連忙跟病人賠不是。

深圳錦繡中華民俗村

二〇〇〇年過陰曆過年時，帶父母及家人同遊深圳錦繡中華民俗村（此為小人國縮影）。當時父母仍健在，父親已八十一歲，母親七十歲左右，父親當時身體欠佳，猶記看表演一半時，突然牙痛，當時母親陪他先回旅館。母親雖有糖尿病，但身體狀況尚可，直到二〇〇四年，因胰臟癌過世。那是母親最後出國旅遊，想到早逝鄧麗君的一首歌——但願人長久，千里共嬋娟，不禁淚流。父母在世時，兒女務必盡孝，因為時間不停留，父母走了後，只有思念，從記憶中去尋找他們的身影！上圖為二〇〇四年十二月由我主辦的台北兩岸華夏風濕病大會。第一次邀請近四十位大陸各省風濕界領導來台開會。此為會後去阿里山一遊之照片。現兩岸關係不佳，何時能再邀請大陸人士來台互相學術交流？只有無語問蒼天！

大小百合，合音一流

周某在周董（基金會董事長）任內，辦了幾次活動，因周某愛唱歌，故請不同之歌星來表演。有一次請大小百合表演，她們二位音色合音皆是一流，我每次都點唱《蘇州河邊》。猶記父親生前亦喜愛這首《蘇州河邊》，每次去KTV點唱時，父親用五音不全的聲調將它唱完，我們勉強還要鼓掌一下，免得他老人家不高興。唱完後，我與花蓮李醫師與大小百合合照。

周某人照相也不正經，身體傾斜靠近大百合，可能因長年研究僵直性脊椎炎，或從小背書包身體傾斜有關，平日站很少站直，自己不覺得，別人看了討厭！

今非昔比

周某從小瘦弱，可能因慢性胃病及長久念書有關。讀大學時，僅五十公斤。一九八二年去美國進修，七月多去佛羅里達州羅得岱堡海灘拍下一照。當時楚楚可憐，瘦得可以，我見猶憐。好像非洲難民，還故意抱一棵棕櫚樹，學林青霞照一張。但時光飛逝二十年後，即二〇〇二年，周某變成體態豐滿（以前楊柳腰，現在水桶腰，原先瓜子臉，現在圓燒餅臉），走路虎虎生風。為何二十年，人變了如此之多？是基因或是環境因素？至今沒答案。也可能有段時間，喝太多珍珠奶茶所導致。還好以前瘦，有本錢變胖，如果以前是胖子，現在可能變成大肥豬！

最後的晚宴

汕頭大學，一九八一年成立之綜合大學，是教育部廣東省李嘉誠基金會資助之公立大學，李嘉誠為創始人。李嘉誠祖籍潮州，香港成長，俗稱「李超人」，曾在世界富豪排名第九。十五年前，汕頭大學附醫成立風濕免疫學科，科主任曾教授請我去作一場演講。演講完後，行禮如儀又是吃飯，當時曾主任仍滔滔不絕與我聊天，我拍了一張照片留存（圖右第二位為曾教授），十五年後，對我而言，那是「最後的晚宴」，因聽說曾教授已於數年前得癌症過世。汕頭沒特別景點，他告訴我可去鄰近的潮州走走。

潮州有一公祠，紀念唐代文學家韓愈。韓愈生於七六八年，先為官，後因被陷害，被貶為潮州刺史！本來潮州一河中常有鱷魚，危害百姓，某日在河邊，韓愈寫了一文《祭鱷魚文》，且在河裡扔了一豬一羊，遽聞鱷魚從此絕跡。但據後人描述，鱷魚仍在。韓愈生前最有名之句子，至今仍朗朗上口包括「業經於勤而荒於嬉，行成於思而毀於隨」、「師者，所以傳道、授業解惑也」、「道之所存，師之所存也」。曾主任生前，因為一篇流行病學研究誤解了我，而讓他生氣，希望他在天上可原諒我，我永遠記得與他「最後的晚宴」。

古巴的路邊攔車

在古巴，路邊有美少女在攔車，導遊說幾乎古巴人都有路邊攔車之經驗，連她自己也攔過車。我說是否一定可搭上車？是否會搭錯車？她說看個人運氣，有時等一下即上車，有時等三個時辰，臉也曬黑了，仍在原地攔車。

如果我萬一被人丟在古巴荒郊野外，是否可搭上車，值得懷疑？但下列幾種可能性，如付諸實行，也許有機會。第一，我因為醫師，完全能揣摩病患之痛苦狀及表情，加上天生又有表演的細胞，我會做出非常痛苦之表情（瀕臨休克狀），博得尚有良知之駕駛停下載客。第二，我會拿著五塊歐元紙鈔於手中，讓其隨風飄動，博取貪婪者上鉤，但千萬不可拿美金紙鈔，以免被打。第三，我會借一嬰兒來抱，且讓嬰兒大哭，博取疼惜嬰兒者停車。如果上述三種皆失效時，那只有走路回老家。

大公雞與小女孩

猶記十多年前去福建演講，當時我算是大會貴賓。講完後，大會請當地一年輕小女孩當導遊，去幾個風景走走。小女孩導遊，年方二十二歲，仍待守閨中。因年輕可愛，個性溫和，本想有意撮合她與我兒子崇傑，結果兒子一看照片即放棄。我也不知是照片中的女孩不好看？還是不是他的菜？結局是我這個周媒婆，媒合失敗（生平第一次做媒婆即當機）。其實我兒子是非常優秀年輕人，個子高（一八〇公分），長得又帥，國外留過學，又是從事資訊業，家世清白。父親即我又德高望重，真是沒得說了，但婚姻也是緣分！崇傑曾在大陸蘇州工作約六、七年（華碩電腦公司），沒日沒夜地打拚，有時去大陸看望他，三個月也沒理髮，像叫化子般。問他有沒有交女朋友？他總是說「公司女孩沒漂亮的、合我意的」，我說：「上有天堂，下有蘇杭」，蘇州、杭州盛產美女。後來恍然一悟，才知公司員工大部分從蘇州城外或鄰近鄉村來的，建議他可到蘇州城內找找，結果幾年下來，依然單身。小女兒不想生小孩，大兒子還未找到媳婦，當時想，我這輩子無望了！幸好兒子回台後，終於有了對象，終於結婚了，也終於有了一兒一女。看著久遠大公雞與小女孩的照片，希望小女孩也有幸找到美滿的婚姻！

桂林山水甲天下

桂林山水甲天下，桂林山水一向以山青水秀、洞奇石美著稱，被聯合國教科文組織公認為世界自然遺產。而灕江，位於廣西壯族自治區東北部，屬珠江流域西江水系，搭船一路皆是奇峰，像國畫中般。二十多年前，周家十多人去桂林，包括母親，大家說說笑笑，好開心。船上有人推銷毛筆，一位美麗姑娘強力推銷，我的妹夫及其他人買了超過十枝毛筆，但回家後，一寫字，毛筆之毛全脫落了，只剩毛筆桿。想退貨，不可能，除非買機票再回去找那位姑娘！

二〇一一年五月去大陸開會，順便再遊桂林，但事實上母親已於二〇〇四年十二月離世。重新搭船，重新走原路，重新努力找回原來帶母親同遊之景象及點點滴滴，但時不我予。勸有父母在之年輕人，好好把握與父母相處之時光，因為時間不會停留，稍縱即逝！

康教授，大汗

我從台中中國附醫調到台北榮總風濕免疫科後，即決定長期研究脊椎關節炎，尤其是僵直性脊椎炎。台灣有三位醫師，包括南部之某醫師，中部某醫師及我，較專注於此類疾病之研究，但其中兩位有僵直性脊椎炎。事實上，除了 David Yu（UCLA）外，另一位影響我們的老師為 Dr.Khan 教授。他是巴基斯坦人，聰明，中學為跳級生，大學去英國倫敦，從小得嚴重之僵直性脊椎炎，包括髖關節完全破壞換人工關節，頸、胸及腰椎全部黏連。但他非常努力，發表許多論文及演講，因為他自己得病，臨床經驗豐富，寫出疾病之臨床表徵，無人能及。

我曾邀請他來台灣二次，有一次還到我家作客，我內人燒些中菜給他吃，他讚不絕口。飯後，吃台灣橘子，非常喜歡，走時還跟我要了三個橘子（我也愛吃橘子）。數年後，開會遇見這位大師，他仍記得台灣的橘子。有一次在台灣演講，他要求我們將 Khan 寫出中文名牌，我們最後用蒙古成吉斯汗之（大汗）寫給他，他高興得不得了，彷彿自己變成蒙古成吉思汗。

父親與母親離世前之照

此二張照片，為父母離世前之照。下圖為父親周鵬飛，二〇一二年（九十四歲）去世。他身體硬朗，只可惜年輕抽菸、喝酒太多，肺到老年時狀況不佳，常氣喘咳嗽。後又得胃癌，放了三根支架（多活一年半）。父親做事非常規矩嚴格，一板一眼，我從小從他身上得到真傳，治事甚嚴，從不遲到。除了長得像他外，打麻將亦像他一樣，十打九輸；但不像他的是，我不抽菸，比較談笑風生，且歌喉超越他甚多。上圖是母親孟蓮英，二〇〇四年（七十四歲）因胰臟癌過世。母親跟父親個性相差甚多，她善解人意，樂於助人，頭腦清晰（雖書唸得少），打麻將可是嚇死人，幾乎每場必贏。家務事整理乾淨，煮菜更是一絕。昔日父親打麻將的許多朋友都喜歡吃母親之飯菜。過年我們回家時，母親的一手絕活表露無遺，如香腸、蛋角、馬鈴薯紅燒肉、雪裡紅小鯽魚、清蒸魚、紅燒鴨翅膀、蒸臭豆腐、芹菜豆干肉絲。想著想著我又要流口水了。母親雖然走了，但幸運大妹、二妹、小妹仍能掌握母親部分絕活！二老離開我們已有多年，但他們對我們後代為人處事，都打下了良好之基礎！

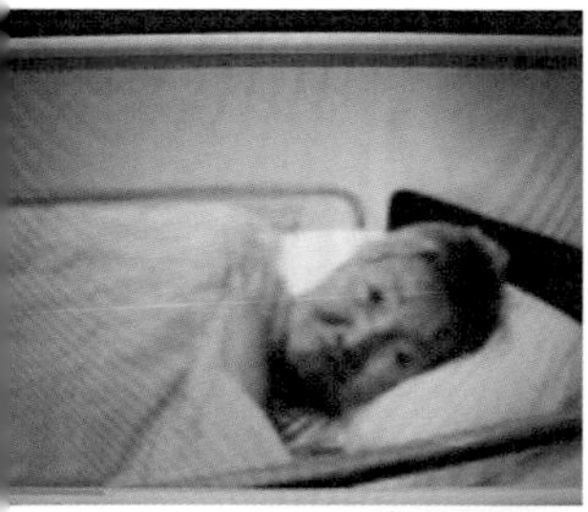

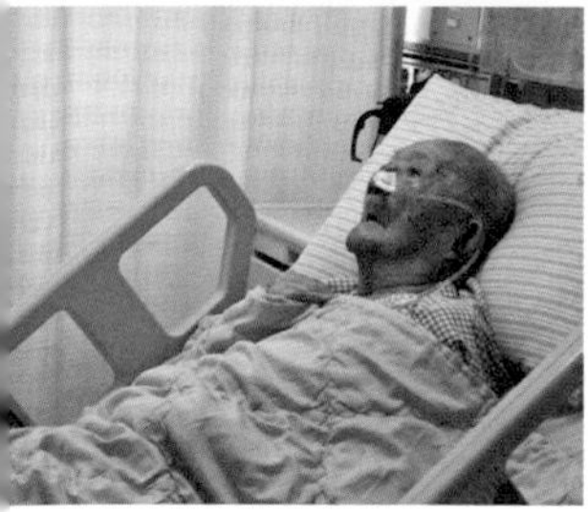

我的學生周貝倫

周貝倫曾是我的同事，也是我的學生，他工作認真，對病人非常照顧，最重要的是他尊師重道。其實，現在許多年輕之醫師忽略此點。

醫學這行業，除了自身的學識外，重要的是臨床經驗，有點「學徒制」感覺。尤其外科醫師，其手術之磨練，需要很優秀之名師傳授！內科亦然。周醫師四年前因中風無法勝任臨床工作，即在家休養。而二〇一四年我退休之際，他送了我一張卡片、一瓶酒，上面還附上我及他的合照，真是用心良苦，我也感動不已！

二〇一五年去澎湖遊玩時，特別去一陸軍之眷村（馬公篤行十村），此眷村出了二位音樂才子，一為張雨生，他是創作型歌手，做了無數經典歌曲（如《大海》、《姊妹》、《我的未來不是夢》、《天天想你》、《想念我》、《口是心非》）。一九九七年十月二十日凌晨，在台北縣淡水鎮因疲勞駕駛發生車禍，享年三十一歲。另一位住在眷村之歌手為潘安邦，我其實因為岳父與他父親都住在澎湖眷村（篤行十村，台灣最早的眷村，日據時代即有），很早認識他。因為他父親娶了澎湖女子，而有了這首《外婆的澎湖灣》。三十多年前這首歌唱紅大街小巷，不幸於二〇一三年二月三日因腎臟癌離世，享年五十九歲。這兩位都英年早逝，只能說天妒英才！

我救不了的他，上帝救了他！

二〇一九年八月參加非洲肯亞、坦尚尼亞旅遊，我們都搭乘吉普車看風景，看野生動物。筆者貴為本國之第一線醫療人員，可簡單看病，簡單醫療，但如被獅子咬了，筆者無法救治！坦尚尼亞旅遊結束前，在一戶外，突有一當地吉普車司機（非洲人）在烈日下暈倒，意識尚可。我立即飛奔而去，用英語告知筆者為醫師，他理都不理，我悻悻然離去。但未久，本團有一位隨團神父（天主教徒，有呼吸中止症候群），每天還帶著非常吵之機器才能幫助睡眠。他到司機旁，咿咿呀呀說了些話（可能是上帝交代他說的話），未久司機即清醒！兩相一比，我真是無地自容！堂堂一個醫學院教授，行醫四十多年之醫師竟比不上一位無醫師證書之神父！看樣子，我得改行去做牧師或神父。後來看到司機恢復，我認為他可能有歇斯底里（Hysteria）症候群，希望他人注意。因為不久我們將離開，通常要分給司機小費，相信司機此舉可博得同情，小費可多拿些！另外，神父（妙手回春），回到台灣教會，可大肆宣揚，神的力量有多大，可挽救一個垂危的病人！阿門，真是感謝主耶穌！

黃埔江燦爛煙火

二〇一二年十月內人確診為肺腺癌（第四期）。以前每年年底，我都跟內人及兒子小傑去上海一遊！而二〇一二年十二月三十日可能為內人去大陸最後之旅。我們十二月三十一日去黃埔江看跨年煙火，她因身體不適，留在旅館中，我與兒子去跨年。當看到黃埔江上空燦爛之煙火，覺得自己又活過了一年，但不禁悲從中來，內人到底能活多久？

在返回旅館之南京東路路邊，有一小型室外卡拉ＯＫ表演，二、三十人居然唱著五、六〇年前的小調《賣湯圓》。我因從小就會唱，就跟著合唱（賣湯圓，賣湯圓，小小的湯圓，圓又圓，一碗湯圓二毛錢……），內心稍感舒暢。在上海待三～四天，走過大街小巷，內人剛使用標靶藥物治療，身體尚好（只是暫時性），她在照相時，還強顏歡笑，她真是夠堅強了。至今看到這些照片，我又再流下男兒淚！在住的飯店有乳鴿宴，感嘆的是，華人什麼都吃，連可愛的鴿子都吃！難怪鴿子看到華人都發抖，因為隨時被宰！

東巴書法

麗江是雲南少數民族納西族之故鄉。納西族有其特別之東巴文化。它有自己之文字——東巴書法，目前僅少數東巴長者可翻譯其原始類似象形文字的字意！在一店門口之看板上，右邊東巴字，左邊為漢字（麗江，瘋子多），其實有歧視的字眼。

但是要弄清楚是漢人瘋子多？還是納西族之瘋子多？我猜是前者（漢人），為何？因納西族每日下午四點～五點會集合在一廣場，唱歌、跳舞，自娛娛人。有些婦女在廣場做手工鞋，順便賣給遊客（漢人）賺他們錢，養家活口。有一老先生，吹著竹子做的樂器，怡然自得。納西族即使沒家財萬貫，他們生活得很悠閒，哪裡會得精神病？變成瘋子。反觀許多漢人成天想升官發財，商場上，考場上你爭我鬥，那才容易發瘋，是吧？

白族文化

雲南昆大麗之行，過了麗江，第二站為大理。大理市位於中國雲南省西部，是大理市白族自治州的一個縣級市，是古代南詔國和大理國的都城。白族，不是因為人很白而稱白族。其起源於洱海地帶的古代人群，其居民馬龍人，就是考古發現最古老的白族先人，也是洱海人。其實洱海人後來融入了北方氐羌族，南方之濮人以及雲南的漢人，此豐富了白族文化。

晉朝時期，成立了一個（白子國），此國延續了四百年，後被崛起的南詔取代，此白族受漢文化影響很深。白族人能歌善舞，表演後，到門

口照相，可不是「白」族了，我周某何其有幸，一下子有五個白族美女陪照，但照相結束，一人要十元人民幣。周某有點心疼，掏了半天勉強拿出硬幣「台幣」五十元，但他們不要，其實因硬幣也沒法分一人十元，只得付人民幣五十元。一來一回，相差新台幣二百元。路過一街上，有四人專注於打麻將牌，此點與四川人接近，沒事就擺龍鬥陣。大理其實有名的是崇聖寺三塔，此寺是南詔大理國皇家寺院，三塔中左右二塔已傾斜，左塔傾斜八度，右塔傾斜六度，是中國的「比薩斜塔」。但大理這三座塔比「比薩斜塔」早五百年，而崇聖寺為中國最大之漢傳佛教寺院，被稱為「妙告佛國」。

比比看，誰是老大

二〇〇五年十月受邀去孟加拉參加當地風濕病年會並演講。孟加拉是一窮國家，治安不好，首都達卡僅喜來登一家五星級飯店，進去出來都要安全檢查！在會場中看到一海報，孟加拉總理與美國小布希總統及國務卿鮑爾合照！美國總統是世界級領袖，何其偉大，居然孟加拉總理坐在中間，旁邊為小布希總統及鮑爾國務卿立於兩旁，這照片是真的，還是假的？當然是假的。正符合中國古諺——夜郎自大。

有情人終成眷屬

我這一生，除了賢淑能幹之內人外，尚有一雙兒女；他們很少讓我操心，小學功課有時不好，內人會嚴加管教，用雞毛撣子打。內人通常扮演黑臉，鐵面無私，像包青天；而我則互補，扮演白臉。有時打得太兇，欲罷不能，則我過去勸一下，希望內人手下留情，尤其小女兒身材又瘦小；但內人有時不勸而已，一勸打得更兇（有點像我老爸），甚至亂打，連我都被揍！

女兒周淑儀，從小乖巧，善解人意，爺爺最疼她。女兒十四歲時，為了給兒女更正常教育，我跟內人送她去加拿大念書！她住在寄宿家庭（寄身中流），忍受不在父母身邊之苦，但她終於熬下來，且高中畢業，考上當地最好大學英屬哥倫比亞大學（University of British Columbia），學海洋生物（適合她，她喜歡小動物）。畢業後，她考上空姐、地鐵工作人員（專門抓上車不買票者），最後嫁給一外國人（加拿大人）**Brandon**，內人最初反對，但女兒心意已決，我則站在女兒這邊，最後他們有情人終成眷屬。女婿酷愛海洋，前兩年，他們從加拿大移民到墨西哥定居工作。

內人二〇一四年二月過世，而我在二〇一二～二〇一四年替女兒寫了一本書——《我的女兒》，相當感性與理性，在內人過世前一個月出書。但四、五年下來，出版社不景氣，此書全靠我一人推銷，去年已不再出版。至於未來是否要寫另一本書——《我的兒子》，則再看看吧！

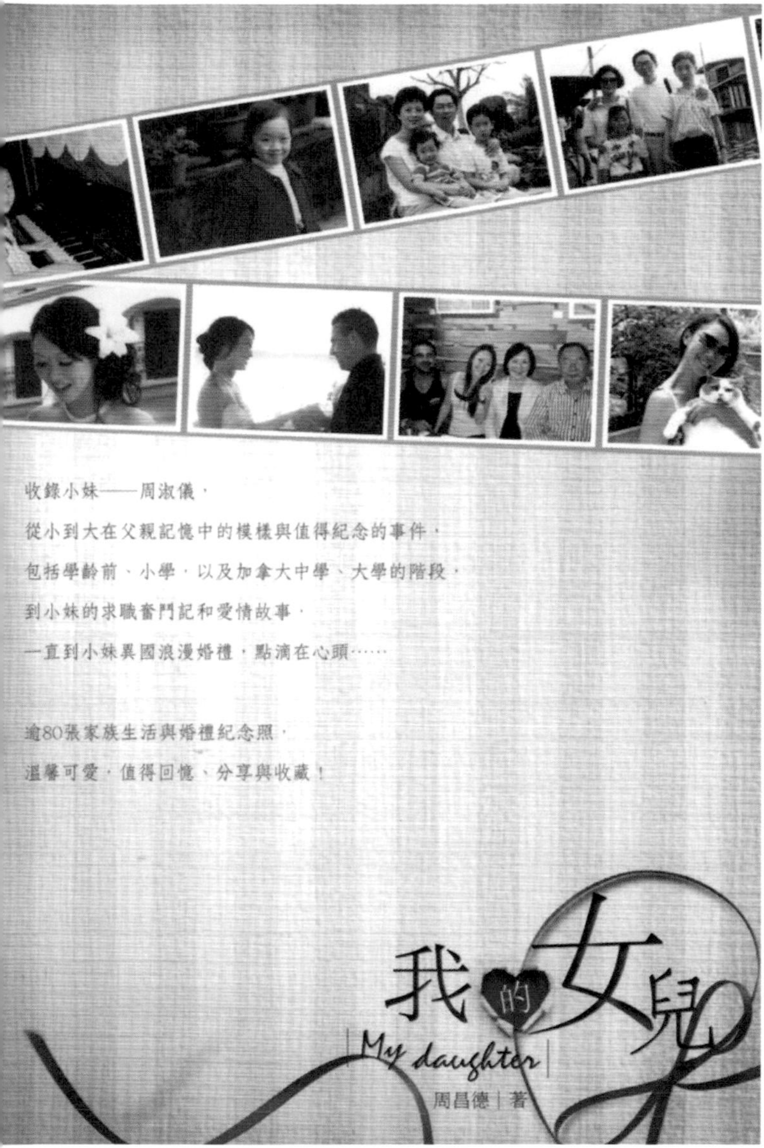

四位重要人士

這一生中，影響我能夠成長、工作及家庭有四位重要人士。第一位當然是我的母親孟蓮英女士（下圖）。她從小照顧我，陪我成長，給我自由空間，教導我如何尊重長輩，做有禮貌之學生。她燒一手好菜，打麻將是高手中之高手，十打九贏，北京人，重視規矩，可能是滿清旗人後代。可惜二○○四年（七十四歲）因胰臟癌、乳癌辭世！

第二位是我又喝酒又抽菸之父親周鵬飛（左中圖）。他為了照顧五子女，年輕時即常出差，做油管埋入地下工程。雖愛唱歌，但唱歌很難聽，舞也跳不好。但喝酒是興趣，雖然十喝九醉。打麻將也是十輸一贏（與母親相反），但做事實在（此點我像他，其實長得也像他）。雖每日抽菸，常喝酒（我日後像他），但反而是所有親戚長輩活得最久（九十四歲）。走之前，雖病重，但捨不得離開，帶著鼻胃管、氧氣管，仍照打麻將。但我生怕他一輸，心衰竭，呼吸困難發作，而需在麻將桌旁做CPR。

我的內人譚玉媛（左下圖）女士，是一秀外慧中，美麗能幹之美女。結婚後，一

直對我照顧有加，對子女培養他們長大成人且有成，惜二〇一四年因肺腺癌過世，此為我人生一大憾事。因為她離開時尚年輕（六十三歲）。而最後一位是我的好友高德亭醫師（左上圖右第二位）。我在榮總工作期間，能編寫風濕科教科書及創立風濕病基金會與爾後之風濕病醫學會理事長，都是經由他的鼓勵！遺憾的是二〇〇二年在華航從台北飛香港途中，因空難與太太簡女士同機而亡。撫今追昔，曾照顧我的人士，雖已離開，但周某有今日某些成就，也都是他們給我的！願蒼天能替我好好眷顧他們四位！謝謝！

父子的爭吵

去埃及第一天剛到機場，遇見一對父子在爭吵，經勸和後，才發現父親原是我國防學弟！他為人正直，不拐彎抹角，兒子則是軟綿綿，不照父親想法去做。父親用心良苦，為了增長兒子視野及知識，常帶他一人去各國旅遊。二人在埃及旅遊中，數度有爭吵爭辯。有一清晨，一月份埃及仍冷，早起要上車前，眾人皆包頭包腳，上有圍巾下有長褲，但此小朋友短袖短褲前來。老父一見，火冒三丈，要他趕緊換裝，多穿些。但此年輕人在房間折騰了半天，車要走了，他來了，居然下半身換成長褲，而上半身仍為短袖T恤。他父親氣得快中風了。沒轍！只好到景區給他買一件長袖上衣，外加一圍巾。由此觀之，代溝嚴重，但年輕人經驗不足，有時需聽長者建言。因為你生了病，除了你身體不適外，老爸又要賠錢了（醫藥費）。爸爸雖貴為醫生，但賺的仍是辛苦錢，不是嗎？

卡夫拉金字塔在埃及吉薩，有三座金字塔，其中一座卡夫拉金字塔，在此塔前面有一座人面獅身像（或稱獅身人面像），此為世界上最著名雕像之一。然建造者及

建造時間均不得而知？一般相信是在法老王卡夫拉統治期間建成（公元前二五五八至二五三二年）。

此雕像長約七三．五公尺，寬約一九．三公尺，高約二〇．二二公尺。因為這座雕像與古希臘傳說中有著獅子的身體，女性的頭部和老鷹的翅膀的怪獸很像。在古典時代，人們以史芬克斯這個名字稱呼它。

筆者有幸與它合照一張。當年六十六歲，而人面獅身已近五千年，在它面前，立刻讓人顯得渺小無比。除了肚子略大，與獅身肚稍可比擬外，其它皆輸它。時間不停留，我們人再偉大，時間是有限，得好好把握時間，一刻也不能浪費！

塔夕曼尼亞島，惡魔島

二〇一九年四月初去澳洲布里斯班（Brisban）參加亞太風濕病年會，順便接受大會頒贈大師（Master）獎，此為亞太風濕病大會之最高榮譽。筆者獲獎認為實至名歸。因為我在國內最早創立中華民國風濕病醫學會，替台灣爭取加入亞太風濕病大會，曾做到學會祕書長、理事長、基金會董事長、亞太學會副秘書長、祕書長等職位，大會結束後，即赴澳洲南端塔夕曼尼亞島度假四日。二日乘船在海上一遊，但風雨甚大，回國後即得嚴重呼吸道感染併發嚴重氣喘，差點掛掉。猶憶前一年藍副院長得大師獎當天，摔一跤左手臂骨折。前後觀之，大師獎真的不能得！而回國後，害我氣喘嚴重之塔夕曼尼亞島，我把它改名為惡魔島。

誰說人生七十才開始

在義大利旅遊時常爬山坡，我與好友少傑兄兩人同遊。

他爬山比我行（因為早上都健行一～二萬步），但因為髖關節病變，故行走稍慢。而我平日不太運動，加上挺了個大肚子，爬起山來挺吃力。

走走停停，停停再走走。有椅子立即坐，歇歇腳，再嘆一口氣。我們都快七十了，誰說七十才開始的？我們都快不行了！

步入中老年，身體漸肥

五十年前照片，何者是我？年輕時的我，清瘦無比，體重僅五十公斤左右。當時腸胃不好，食慾不佳，腰如楊柳，走路時逢大風可吹著走。

然步入中老年，不知何故身體漸肥？尤其是肚子。可能在台中時喝珍珠奶茶所導致，目前腰已成水桶腰。在個人退休音樂會上（二〇一四年十月），為了逝世的內人，唱了二首歌包括《明日天涯》（當明日清晨醒過來，耳邊依稀有你的聲音……牢記我倆真摯的愛情，你我會在天涯相遇）。唱到最後，泣不成聲，人生苦短，需把握當下。

東北虎就像東北人

哈爾濱曾舉辦數次「兩岸風濕高峰論壇」，雙方參加人數不多。開會當中，通常會大吃一頓。有一年，選擇蘇俄餐廳，非常豪華氣派，但牆壁上掛有色情（脫光衣服之蘇俄美女）照片，光看就已飽了！酒水沒有伏特加但有格瓦斯。另外還有牛排及大香腸，但牛排硬，大香腸跟台灣香腸比差太多。東西難吃，回去買了碗康師傅，覺得泡麵比蘇俄的食物好吃太多！

去哈爾濱應有五次，其中有一次去參觀有名的東北虎園。導遊說超過五十隻在此園內，其中尚有一隻非常珍貴的白虎（跟別國購買）。東北虎就像東北人，東北軍張學良一樣，高大兇猛無比。如果有一人遇見牠，且無退路，必死無疑。有些遊客不守規矩，亂丟食品或其他物品到老虎園內，園方不勝負荷，掛出警告示語（向園內拋物品者須自撿），誰敢下去撿？除非是周處（他除三害，有一害是虎）。自從警示一出，沒人敢丟東西了。

非洲西南部，紅鶴鳥之棲息地

在非洲西南部，為紅鶴鳥之棲息地，此鳥類特色為脖子長、腿長，姿態優雅，叫聲像鵝（不太好聽）。牠們一生一世都是一雙雙。因為只有一個伴侶又稱火烈鳥，類似鸚鵡（琉璃金鋼）。其中一隻先走，另一隻終身守寡。在古代，應設貞潔牌坊給牠們。但未死的一隻因寂寞，可能會提早得憂鬱症！可惜鳥類沒有精神科醫師。

三年前去非洲旅遊，在納米比亞一海邊小徑停留時，突遇千百隻紅鶴（flamingo），在海邊聚集。有些忙著抓魚、有些洗洗澡，有些在小睡一下。我研究風濕關節病，這些紅鶴可用一腳站立睡覺，雖然上身肥滋滋的，但腳特細，居然睡著可用一腳支撐整個身體，且不會東倒西歪。不像人類，連坐著睡，都會左搖右擺，盡往旁人身上靠，真是失禮。

最愛的動物：無尾熊

我去澳洲開會約五天，澳洲是動物之天堂，其中我最愛的動物為無尾熊。牠很憨厚、古意、純潔，但唯一缺點是愛睡覺，一天二十四小時至少睡二十小時。我在大學上課時，有時第一張幻燈片即放此張無尾熊幻燈片，提醒醫學院大學生，別學無尾熊，一上課關燈即睡覺，有時還不知道老師是誰？長的什麼樣？現在許多大學生，生活糜爛，晚上不睡覺（玩手機、電腦、打麻將），早上起不了床。觀察到學生上課有三部曲：第一部曲：遲到（我老師反而是第一個到教室，痴痴地等學生，像等情人般）。第二部曲：早餐自己外帶，當時沒有 FoodPanda 或 UberEats，否則教室門口必有許多送餐的人。第三部曲：把椅子往後一仰，即呼呼大睡，下課鈴聲響時才清醒。此三部曲讓我不禁感嘆教師難為，學生易混。如果用考試嚴格來修理學生，則學期結束時，在 PTT 網站或雙向考核（學生考核老師）被罵得臭頭（有三字經的、有說我才疏學淺不會上課的，不一而足）。有點像早期大陸紅衛兵時代，只差沒把我拖上街去遊行，去公審。這些學生不像無尾熊，睡醒了就吃尤加利樹葉，靜悄悄的，哪裡像部分學生行徑這麼囂張！

昆明，春城

昆大麗最後一站到昆明。昆明，從小聽父親說「昆明海拔高」，但四季如春（春城）氣候涼爽，是中國西部地區政治、經濟、文化、科技及旅遊城市，是雲南省會。此昆明來源，是因早期昆明族定居現今昆明城市中，而沿用至今！雲南是少數民族之大本營，共有二十五族，其中彝族人口最多，白族第二，哈比族第三，另外尚有苗族、布朗族、回族等。

我在街上看到一彝族老太太在街上賣他們的飾品，人雖蒼老，但其實不到七十歲。他們可能辛苦了一輩子養兒育女、種田，有空，還在街上賣東西，與台灣鄉下老太太相似。而許多年輕人，反而不吃苦，賺錢僅供養自己，有時不夠，還向老爸老媽老祖母要錢（伸手牌），

此需向這些老太太學習，如何賺錢，如何存錢！

昆明鄰近一景區為九鄉溶洞，也就是鐘乳石洞。洞內有潭水，中有一種特殊魚類為九鄉盲魚，此魚屬無眼金線鲃，世界珍奇種。因長期生活在溶洞暗河裡，而雙眼退化成盲魚。此魚屬保育類，不可捕捉（眼睛瞎了，應容易捕捉）。而昆明附近另有一著名區為石林風景區。二〇〇四年二月被聯合國教科文組列入世界地質公園。此石林面積約四十多萬公頃，是彝族傳說中阿詩瑪故鄉。雲南因為高山，上上下下，老年人常力不從心，故有滑桿服務，二人一組，一前一後，帶著老人或殘廢的人上山，有固定價碼，但如太肥者，可能要加收錢。以前我媽較胖，到目的地，挑桿者追著我媽要額外補貼。滑桿服務，英文如何說？此廣告上寫 Litter Service，Litter 尚用於「垃圾」。英文應寫為 Chair service 或 Sedan chair service 較佳！

與獅子同遊

三年前去非洲波茲瓦那一遊時，意外的機會參加與獅子同遊（lion walk）。從小看到獅子就害怕，怎敢同遊？後來經導遊教練解釋，此為九個月大的獅子，從小父母雙亡，為人圈養。一歲以前，野性尚未發，經人訓練後可與人同遊。話雖如此，我仍不敢參加第一批與獅子同遊（第一批大部分是肥老外），想的是如果獅子萬一野性大發，先吃肥老外不要吃我這個瘦老中。最後輪到我與友人共同與獅子漫步，心中仍禱告，獅子別吃我，我可是花了一百二十元美金來跟你同遊。最後終於結束了，小命也保住了，一次就夠了，下次不敢了。阿彌陀佛！

靜靜的貓頭鷹

陽明山某處景點，有楓葉在三～四月染紅，咦？不是九月十月～十一月楓紅層層。萬物皆有例外，楓葉有不同品種，有些在不同季節即變紅。入園卻見三頭貓頭鷹。我一向對貓頭鷹有好感，家中大大小小裝飾品超過一百個以上。

貓頭鷹通常白天睡覺，晚上張大眼睛不睡，現在許多年輕學子，跟貓頭鷹類似。早上我一上課，百分之六十～七十學生即刻睡了。此因晚上不睡覺，打電動玩具，玩手機所導致。但貓頭鷹跟年輕學生不一樣。牠總是靜靜的，牠不會打電動玩具，玩手機。

鸚鵡大鳥，琉璃金剛

我朋友養了隻鸚鵡大鳥，琉璃金剛，非常性格、愛恨分明、自視甚高。我對牠不錯，常餵牠吃許多高級食品。牠對我亦佳（要看牠心情），曾有一次用十種不同頻率的聲音，叫我爸爸，把我叫得坐立難安，不知如何是好？我們常帶牠去出遊，包括陽明山、埔心農場，因高大且羽毛呈現不同顏色，放在肩上，眾人仰慕，競相拍照。一般而言，牠可活到七、八十歲，我與朋友皆已年過半百，心想，我們早走，託孤於何人？然二〇一八年七月開始，鳥漸無元氣，胃口不佳，帶牠去一家鳥醫院，經檢查，疑為皰疹病毒感染，然投予藥物一個月以上，又進加護病房（其實就是鳥籠），花費了我幾萬元，然終究不敵病魔，於二〇一八年八月十八日逝世，享年三歲（本以為可活到八十歲）。此死因為何？不知？鳥醫院診斷是否正確亦不知？目前當獸醫或鳥醫較好，因為即使誤診，不會有醫療糾紛，不像人類。我們最後將牠下葬於陽明山公墓內，且每年八月十八日左右，必去下葬地家祭！

感謝

本書之完成，桂櫻、伊婷、維萍及風濕病基金會台灣抗風濕病聯盟董事長蔡世滋主任與執行長蔡長祐主任等出力甚多，在此一併致謝。

時報悅讀 038

按圖索驥：百聞不如一見，看見世界的不一樣

作　者—周昌德
照片提供—周昌德
特約編輯—呂幸姿
副 主 編—謝翠鈺
美術編輯—趙小芳
封面設計—陳文德

董 事 長—趙政岷
出 版 者—時報文化出版企業股份有限公司
108019 台北市和平西路三段二四〇號七樓
發行專線—（〇二）二三〇六六八四二
讀者服務專線—〇八〇〇二三一七〇五
（〇二）二三〇四七一〇三
讀者服務傳真—（〇二）二三〇四六八五八
郵撥—一九三四四七二四時報文化出版公司
信箱—一〇八九九　台北華江橋郵局第九九信箱

時報悅讀網—http://www.readingtimes.com.tw
法律顧問—理律法律事務所　陳長文律師、李念祖律師
印　刷—富盛印刷有限公司
初版一刷—二〇二一年一月二十二日
定價—新台幣五〇〇元

按圖索驥:百聞不如一見,看見世界的不一樣 / 周昌德作. -- 初版. -- 臺北市 : 時報文化, 2021.01
面；　公分. -- (時報悅讀 ; 38)
ISBN 978-957-13-8535-8(平裝)

1.旅遊文學　2.世界地理

719　　109021981

ISBN 978-957-13-8535-8
Printed in Taiwan